人民音乐家

冼星海

郭冰茹·著

SPM
南方出版传媒
广东人民出版社
·广州·

图书在版编目（CIP）数据

人民音乐家：冼星海/郭冰茹著. —广州：广东人民出版社，2009. 12（2025. 3 重印）
（广东历史文化名人丛书）
ISBN 978-7-218-06605-9

Ⅰ. ①人… Ⅱ. ①郭… Ⅲ. ①冼星海—传记 Ⅳ. ①K825. 76

中国版本图书馆 CIP 数据核字（2009）第 242790 号

人民音乐家：冼星海

郭冰茹 著

出 版 人：肖风华

特约审稿：曹天忠
责任编辑：卢雪华 曾玉寒 伍茗欣
封面设计：李桢涛
责任技编：吴彦斌 赖远军

出版发行：广东人民出版社
地　　址：广州市越秀区大沙头四马路 10 号（邮政编码：510199）
电　　话：（020）85716809（总编室）
传　　真：（020）83289585
网　　址：http://www.gdpph.com
印　　刷：广东鹏腾宇文化创新有限公司
开　　本：889mm×1194mm　1/32
印　　张：6.25　字　　数：129 千
版　　次：2009 年 12 月第 1 版
印　　次：2025 年 3 月第 7 次印刷
定　　价：28.00 元

如发现印装质量问题，影响阅读，请与出版社（020-85716849）联系调换。
售书热线：（020）87716172

(1905—1945)

目 录

1

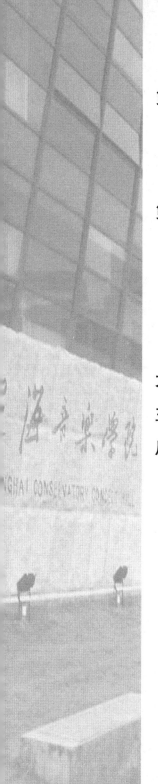

前言

　　即便不是专修音乐的人，也知道冼星海这个响亮的名字。一曲《黄河大合唱》回荡在几代中国人的脑海里，激荡着几代中国人的爱国情怀。一部《黄河大合唱》也奠定了冼星海在中国现代音乐史的地位，为他赢得了生前身后名。我读小学的时候音乐老师就教我们唱《黄河大合唱》，在中学和大学的合唱节，《黄河大合唱》也常常是许多合唱团的演唱曲目。然而，除了《黄河大合唱》，冼星海为理想、为信念，为他热爱的音乐，为他热爱的祖国、人民和中国共产党倾尽所有在所不惜的激情、勇气和魄力，仍然是留给当代青少年最宝贵的精神财富。

　　我们从小听惯了古人头悬梁锥刺股的老生常谈，除了对这种疲劳战术不屑一顾之外已经难以再生出多少敬意。然而当我阅读冼星海《我学习音乐的经过》时，不由得被他那股为了学音乐一切都在所不惜的"顶硬上"的劲头深深打动。即便我们不认同音乐是有钱人摆弄的玩意儿，我们都得承认学习音乐是需要一定的经济基础的。因而，对于冼星海这样一个出生在贫苦家庭、不名一文的音乐爱好者来说，接受正规专业的音乐教育，特别是负笈法国学习音乐，他所面临的困难是常人难以想象的。冼星海曾经形容过他在巴黎的生活，没有一分钱的官费资助，每天为了三餐一宿，为了不至于饿死街头而疲于奔命，做过各种体力劳动：餐馆跑堂、咖

啡店侍者、理发店澡堂的小工……然而只要有时间有力气就会锲而不舍地练琴、学音乐。马思聪说冼星海什么都不怕，连学不好也不怕，有了这样的劲头和信念，还有什么能够阻挡他呢？当然，功夫不负有心人，冼星海终于如愿以偿地考进了巴黎音乐学院，终于圆满地完成了学业，终于实现了他的理想成为我国现代伟大的音乐家。

我们从小也听惯了革命前辈们投笔从戎，把一切献给党、人民、祖国的豪情壮举，作为革命历史教育的一部分，我们更多的是单向度地接受而很难理解他们那代人的选择。然而冼星海一生的轨迹却不仅是中国革命的一个注脚，而且是20世纪中国知识分子投身革命的心灵写照。1935年，冼星海面对战争频仍灾难深重的祖国毅然归国，面对挣扎在生死线上的羸弱国民毅然加入宣传抗战的革命队伍。随后，为了实现在贫弱的中国普及音乐的理想奔赴延安，从此一直为音乐的民族形式和音乐的大众化辛勤地教书育人、研究和创作。在中国现代史上，这些真正受过西学教育却坚持不懈地为民族形式和文艺大众化殚精竭虑，并且在专业领域取得突出成就的知识分子着实令人景仰。

一个人历经千难万险始终执着于自己的理想，并且最终实现了这个理想足以让人钦佩，更何况这个理想还是建立在为祖国为人民的基石之上。21世纪，重读冼星海，重读那一代知识分子走过的路，除了激励我们奋发向上之外，还留给我们更多关于事业、关于理想和信仰的思考。

第 一 章

南国箫手

一、海浪上的童年

1905年6月13日，冼星海出生于广东澳门海边一个贫苦渔民家庭。他祖籍广东番禺，祖辈们一直生活在海上，靠打鱼、运输和载客为生。冼家从祖父这一辈开始移居到了澳门，但仍然是靠海而生的水上人家。父亲冼喜泰在冼星海尚未出生时便离开了人世，母亲黄苏英带着出生不久的孩子回到了娘家，和外祖父生活在一起。

冼星海出生在星夜的海上，母亲看着头上的星、脚下的海，为这个一降生就没有父亲的小生命取名为"星海"。星海从小体弱多病，母亲和外祖父在他身上倾注了全部的关怀和爱。星海稍大一些，母亲就将他送进了一家私塾，这位识字不多的普通的劳动妇女希望她的儿子能读书，读好书，离开大海，过上体面的日子，所以不管自己多苦多累、多穷多难，都坚持让儿子读书。

"四书""五经"的开蒙教育对冼星海有多大的影响我们不得而知，但是生活在海边的孩子总是和大海特别亲近。星海和小伙伴们有时躺在海边的沙滩上听海风呼啸海浪澎湃，听船上水手的渔歌和号子。渔民们在闲暇时也吹弄一些乐器，二胡、扬琴等咿咿呀呀地奏出广东小曲的迷人旋律，每到这个时候，星海和一群小朋友总是围着这些大人痴迷地听着。有时候村里会来个唱"龙舟"的民间艺人，他一手托着龙舟，一手敲打着小鼓小锣，孩子们就兴奋地跟在艺人身后学着他的样子唱歌。星海的外祖父喜欢吹笛子，星海稍大一些就缠着外祖父教他吹。他学笛子很认真，很快就能吹得像模像样了。祖孙俩，两支笛，一唱一和，笛声悠扬，这个贫苦的家庭陶醉在美妙的旋律中，这个贫瘠的小村子也沉浸在美妙的旋律中。星海非常喜欢他的笛子，走到哪儿都带着它，他喜欢吹给自己听，也喜欢表演给别人看，他虽不善言辞，但音乐让他体会到了自己与周围世界交流的快乐。

1912年，星海7岁，外祖父不幸去世了。孤苦无依的黄苏英决定离开这个靠海为生的小村子，带着星海到外面去讨生活。毕竟一个女人带着个孩子，不可能再像男劳力那样驾船出海了。村里的不少人家都有人下了南洋，有的赚了钱，家里人也跟着享了福，有的却是一去再也没回来，从此杳无音信。黄苏英思前想后，横下一条心，决定也带着星海下南洋。新加坡尚有几个星海父亲的故旧，凭着一双勤劳的手，黄苏英相信自己一定能把小星海带大。

黄苏英经常哼唱的是一首广东地方小曲《顶硬上》，歌词上说："顶硬上，鬼叫你穷，铁打心肝铜打肺，立实心肠去揦世，揦得好发达早，老来叹番好"。这首歌既是黄苏英的励志歌，也从小教育冼星海要坚韧不屈，一旦树立了奋斗的目标，就要克服一切困难，坚持到底。冼星海的求学过程非常艰辛，但他总能咬紧牙关，克服困难坚持下去。很多年后，冼星海为《顶硬上》重新谱了曲，成为他众多作品中唯——首写给母亲的歌。

黄苏英变卖了家里的一点薄产，凑了些旅费，带着小星海登上了一条驶往新加坡的小型客轮。船的底舱是新加坡移

民局专为华工包下的，虽然费用低廉，但对一贫如洗的母子俩来说仍是昂贵，于是他们在轮船上随时找些活计，帮着打扫食堂，浆洗缝补，就这样在海上颠簸了数日后终于到了新加坡。新加坡虽是外国，但华侨很多，热心的同乡故旧非常同情母子俩的处境，帮着母子俩把生活安顿了下来。黄苏英被介绍到一个侨商家里做佣工，冼星海也被送进一家私塾。他们母子在南洋一共待了6年，6年里冼星海读过私塾里的四书五经，在英文学校里学过一年英文，又转到侨商办的高等小学，学的东西很杂。

在新加坡的几年里，冼星海虽然没有接受正规的音乐教育，但是南洋基督教的文化氛围使他有机会接触西方音乐。铿锵的钢琴声、缠绵的小提琴声、嘹亮的铜号声以及教堂里发出纯正和声的唱诗班都令星海着迷。只要从哪个窗口流淌出琴声，星海就会站在窗外驻足不前，只要教堂礼拜，星海就会站在教堂的角落里听唱诗班的吟唱……这些片片断断的乐声为冼星海打开了一扇通往音乐殿堂的大门。

二、岭南大学"两栖类"

母亲职业无定，收入微薄，儿子因此常常面临失学的威胁。黄苏英反复考虑后决定带冼星海回国。1919年，冼星海14岁，母子俩回到了广州。在广州首先要解决的是生活问题，黄苏英仍旧找了个人家做佣工，她一边帮佣，一边托人帮星海找学校。她帮佣的这家主人恰好是岭南大学的一个职

岭南（大学）学院

员，对母子俩的遭遇非常同情，他建议黄苏英入教受洗，这样冼星海也可以进入岭南大学基督教青年会所办的义学。

在义学里读了一年后，冼星海升入了岭南大学附属中学。黄苏英也在岭南大学找到一份洗衣的工作，母子俩租住在学校附近的小木屋里，生活算是暂时稳定了下来。岭南大学是美国在广州开办的一家教会学校，学生大多是买办富商人家的孩子，吃西餐、讲英文、穿西装，做派很是讲究。贫苦人家的孩子冼星海出入在这个校园里，显得非常扎眼。母

〉历史文化知识〈

〔司徒乔〕

　　司徒乔（1902—1958），广东开平人。擅长油画、素描。1924年在北京燕京大学神学院读书。1926年举办第一次个人展览，鲁迅购藏所作《五个警察一个0》《馒头店门前》。同年，所画《被压迫者》等十幅作品参加"万国美术展览会"。1927年北伐战争爆发后，在武汉任苏联顾问鲍罗廷办公室艺术干事，画宣传画。1928年在上海举行"乔小画室春季展览会"，鲁迅为其作序。是年冬赴法国，师从写实派大师比鲁等人学画。1931年回国任教于岭南大学，其间举办个人画展。1934年在北京作画，兼《大公报·艺术周刊》编辑。1936年迁居上海，画鲁迅遗容。复迁居南京，为南京藏经楼画孙中山像。新中国成立后到北京参加革命博物馆筹备工作，作品有《鲁迅与闰土》《秋园红柿图》等。作为"五四"新文化运动以来的进步美术家，其作品表现了对苦难中的贫民、劳动者的深厚感情。

亲为他缝制了一套西装，但衣服总是赶不上他那快速长高的个子，刚穿上不久的裤子很快就变得又短又窄，两条裤管紧紧裹在肌肉结实的小腿上，那些衣冠楚楚的同学们嘲讽他为"腊肠"。但冼星海并不在意，他是个懂事的孩子，知道母亲的艰辛，读书之余尽量分担母亲的劳动，自己也在学校里找些勤工俭学的机会，好让母亲不那么操劳。

在附中读书期间，冼星海和一同租住小木屋的司徒乔成了好朋友。司徒乔比冼星海大两岁，不同班级，但课外两人总是形影不离。两个人是篮球场上的伙伴，游泳池里的比赛对手。两人都对艺术着迷，司徒乔把画架支在江边画浮屋、小艇、船夫，冼星海就在离他不远的小山丘上鼓着腮吹单簧管；冼星海在房间里拉提琴，司徒乔就在他的琴声中画画。司徒乔很照顾这个弟弟，他看见冼星海把一张凳子放在床上当桌子，然后盘腿坐在床上做功课，就立刻回家把自己做功课的小桌子借给冼星海，自己做功课时就挤到弟弟妹妹的桌子上去。两家的母亲也是知心朋友，司徒乔的母亲在学校的厨房里帮佣，每当她从厨房里带回些用剩了的鱼头碎肉，就把冼星海找来和自己的孩子们一同吃。冼星海的母亲也希望司徒乔的两个妹妹中有一个将来会成为她的儿媳妇。

岭南大学的基督教青年会组织学生参加各种社会活动，其中分经济、庶务、交际、美术、图书、音乐、视疾、童工、会所、祈祷、查经各部。冼星海和司徒乔都参加了童工部，叫"童工委办"。童工委办负责几间村童和工人的义学，当时青年会在附近各乡所办的义学有艺徒学校、慈益小学、康乐小学、方社小学、罗拔小学，等等。冼星海和司徒乔总是在周末去邻村教导村童游戏、认字和唱歌。做这些工作时，冼星海就会留心搜集一些村里的童谣和山歌，司徒乔则捎带着画速写。

还在附中的时候，冼星海的单簧管已经吹得很不错了，还常常在大大小小的欢庆会上表演。当时，人们把单簧管叫做"洋箫"，冼星海也因此有了"南国箫手"的美称。除了单簧管，冼星海开始自学小提琴，只要有时间，他就练习。为了不影响别人，他在小提琴上装了弱音器，独自沉浸在练习的苦闷与欣喜中。他开始学小提琴的时候已经差不多20岁了，早已过了最好的学习年龄，手指的运用和技巧的掌握都不如年纪尚轻的同学们，但是他不怕。他抓住一切可能的时间和机会学习和练习，虽然不够系统，但他掌握的音乐知识和演奏水平仍然足以让他在学校里出类拔萃。

1924年，冼星海在岭南大学附中毕业，原本他可以继续读大学的，但是因为家中生计，他决定一边选修大学的课程，一边工作贴补家用。他做过打字员、岭南大学附设华侨学校的庶务、小学音乐教员，还继续兼任岭南大学银乐队的指挥。

岭南大学是教会学校，银乐队也是由教会主办的，乐器是清一色的美国货，配置齐全，队员也都是受过正规训练的学生，表演水准很高。冼星海被聘为乐队指挥后常常出现在学校的各种典礼上：开学典礼、周会、交际会、联欢会、毕业典礼、欢迎会……星海穿着整齐漂亮的演出服，拿着指挥

棒，站在这支装备精良的银乐队前，美妙的音乐在他的指挥下倾泻而出，令人着迷。

跟他同住一栋宿舍楼，又正好是隔壁的同学瑶华这样形容当时冼星海的指挥："每当全体教员学生在那高敞的礼拜堂里集合的时候，就要看到他那高高的身子站在讲台前，双手强力地、活泼地舞动着指挥棍。那些不同品色、不同高低的音乐的波浪就跟着那棍子节奏地在起伏，许多男女的心情也在那雄伟的或庄严的节奏里统一地拨动着。我每次回想起他来，脑子里最初产生的或最鲜明的印象，就是他在这种时候的背影和手势"。

冼星海的经济条件不好，一年四季大部分时间都穿着一套旧西装，脖子上围着一条旧丝巾，算是领带的替代品，到了冬天就换上那唯一的一件黑色粗绒高领毛衣。脚上常是一双黑色皮鞋，不穿袜子，也不打鞋油。贵族同学们有些看不起他，他也从不与之亲近；有的动了恻隐之心，给他施舍些衣物，他也生硬地回绝。他的不卑不亢总是拒人千里之外，让不了解他的人觉得他骄傲难以接近。那时候有同学叫他"岭南大学的约翰逊"，将冼星海比作18世纪英国作家约翰逊，因为相传约翰逊读大学时穷得没鞋穿，有个同学可怜他，晚上偷偷将一双新鞋放到他门前，第二天约翰逊发现后大发脾气，把新鞋子也扔到了墙外。

冼星海在大学里半工半读，被那些家境殷实的同学称为"两栖类"。他每天既要应付繁重的工作，又要抽时间选修课程修学分，自学音乐更是要从这些例行的学习工作中挤时间。他住的宿舍是一间相当长阔的房子，床上总是放着一把小提琴，乐谱散放在桌子或座椅上，床边是谱架，墙上贴着贝多芬的肖像。只要他在宿舍里，不是"咿咿呀呀"地拉琴，就是"索索咪咪"地哼唱。只要是和音乐在一起，不论拉还是唱，他都是那么投入，配合着头和手的晃动，整个人仿佛就是一支曲子。但凡有同学经过他的门前，都会驻足欣赏一会儿。

冼星海的邻居瑶华和他一样是半工半读的"两栖类"，在中学里教国文，素来喜欢诗歌，常常一个人躺在宿舍的床上吟诵。两个人并非一见如故，但在学校里相同的境遇让他们彼此变得亲近。冼星海想跟着瑶华学中国诗，因为在他看来一个学音乐的人，单单成为演奏者是不够的，他必须能作曲写词，而要能写词就必须懂得中国诗歌，即便自己不作词，要为别人的词谱曲首先也得能欣赏和理解别人的词，所以诗歌的修养是必需的。瑶华介绍了一些古诗的选本给冼星海，从那以后，冼星海的宿舍里除了歌声、琴声还有诗声。很多年后，冼星海为不少古诗配了曲，那些创作与此时的积累不无关系。不过，即便是对朋友，冼星海也不愿占别人的便宜，作为回报，他主动提出教瑶华小提琴。

在岭南大学的这几年，冼星海虽然工作勤奋，学习刻苦，但在音乐学习上并没有多大的进步，他觉得广州已经不能够满足他学习音乐的要求，反复斟酌后，他决定北上。

三、为音乐漂泊

1924年到1926年是中国革命史上颇不平静的三年，也是广州处于中国革命风口浪尖的三年。1924年国民党在广州召开"一大"，实现了第一次国共合作；1925年初国民政府平定了第二次陈炯明叛乱，同年6月展开了规模巨大的省港大罢工；1926年5月起，国民革命军从广州誓师北伐……整个广州几乎都卷入了革命的大潮，然而冼星海并没有走出校门。

冼星海对当时的革命怀有深刻的同情，但他并没有去参加。沉重的生活、艰辛的学业已经让他疲惫得无暇他顾，音乐学习上的止步不前更令他苦闷不堪。广州无法给他学习音乐的良好环境，为了音乐，他只能选择离开。

1926年夏，冼星海拜别了母亲，只身北上，为了凑足路费和必要的生活费，他的几个好朋友力所能及地为他凑了些钱，他自己也卖掉了心爱的小提琴。冼星海的目的地是北京大学音乐传习所，这是国内最早、最完备的一个音乐教育机构，它的前身是成立于1916年的北京大学音乐团。当时负责这个音乐传习所的是1920年从德国留学回来的萧友梅博士。萧友梅是广东中山人，1884年出生，毕业于东京帝国大学，同时还是清政府的文科举人。他1912年就远赴德国留学，1916年获得了莱比锡大学的哲学博士学位，之后又转入柏林大学选修他喜欢的课程，并在歌咏学社研究合唱艺术。1920年回国后应聘到北京大学音乐研究会，同时还兼任了北京女子大学的音乐系主任。这位仰慕德国高度发达的音乐文化和办学精神的音乐教育家回国后便致力于在中国建立一所真正的音乐学校，他和"五四"时期许多投身新文化运动的知识分子一样，希望通过音乐教育来启迪国人的个性自由，培养国人的高尚情操，从而达到改善人生、改良社会的功效。

萧友梅第一次见到冼星海，便被眼前这位青年人对音乐的热爱和不达目的不回头的坚定意志所打动，而熟悉的乡音更增加了萧友梅对冼星海的好感，虽然冼星海没有受过正规的音乐训练，音乐基础不怎么好，而且学习音乐的年龄也偏大，但萧友梅还是决定接收他。为了解决冼星海的生计问题，萧博士为冼星海安排了一份图书管理员的工作，这样多少可以帮助他安心学习。

在音乐传习所的这段时间，冼星海过得非常充实。生活上不再挨饿受冻，他便把全部精力投入到学习中去，白天工作，失去的时间就用晚上来补。做图书管理员的收入除了满足温饱之外，冼星海还用结余下来的钱在校外请了一位外籍的小提琴教师。他把自己埋在图书馆和练琴房里，坚信"有志者事竟成"。在给母亲的信中，他兴奋而又踌躇满志地说自己的音乐理想即将实现。

然而这样的安静充实并没有维持多久。北伐战争虽然胜利了，武汉也成立了国民政府，但这一切没有给中国带来和平稳定，帝国主义势力的纠集、旧军阀的蠢蠢欲动以及蒋介石公然破坏国共合作使得各地学潮不断，工人运动此起彼伏，各种政治力量的对峙和抗衡让整个中国成了一个一触即

发的火药桶。冼星海原本想在这所象牙塔里专心修习音乐，但是教育部解散了北京大学音乐传习所。

为了继续自己的音乐教育，1927年春萧友梅南下上海，在蔡元培、杨杏佛的帮助下筹建了上海"国立音乐学院"（1929年改为国立音乐专科学校），冼星海和其他一些热爱音乐的同学也随即来到上海，进入国立音乐学院继续学习。不久母亲为了躲避广州的战祸也辗转到了上海，母子终于团聚了。在同学的帮助下，母子俩租到了福覆里的房子（今建国西路仁安坊7号），从此母亲继续给人当"娘姨"，以微薄的收入资助冼星海学习音乐。

南国社刊

在上海国立音乐学院学习期间，冼星海加入了南国社，负责音乐部的工作。南国社成立于1923年，是一个以戏剧活动为主的进步文艺团体，由田汉主持。南国社常常排演一些自己创作的话剧，有些带着感伤的色彩，比如《南归》，有些则有着鲜明的反抗主题，比如《名优之死》《苏州夜话》《湖上的悲剧》等。冼星海在为这些话剧配乐和演奏的时候学到了不少东西，也开始思考"学音乐到底是为什么"这样的问题。后来，他把自己的想法写成了一篇题为《普遍的音乐》的文章发表在校报上。他说："学音乐的人，没有一个不是抱大志向的。在他们的理想里，充满着乐圣及天才的印象，个个的想望都是将来中国的贝多芬、舒伯特、瓦格纳这样的人物。可是事实上能做到么？……中国的现在，实在难产生像贝多芬的大天才。既然缺乏天才，不如多想方法，务使中国有天才产生之可能。学音乐的人，不要学得了音乐便知足，还要广播全国，感染全国，使人人能歌能舞能奏，全国能够如是，岂不是一件光荣的事么？若不先提倡普遍音乐，恐怕再过几十年还是依然的中国，音乐不振的中国啊！……"学成之后普及音乐是冼星海当时的想法，日后却也成了冼星海音乐生涯的主旋律。

冼星海在南国社结识了进步青年张曙，张曙小冼星海4岁，在国立音乐学院的师范科就读，两人可以说一见如故，常常一起讨论音乐。1929年暑假，由于学校要向暑期留校的学生征收住宿费、水电费和练琴费，致使学生与校方发生冲突，酿成一起不大不小的学潮。在学潮中，张曙属于领军人物，被警方逮捕，同时参与学潮的冼星海等人也因此失学。

在国内学音乐的路几乎断绝，冼星海也不是没有考虑过找份工作安心奉母，但学习音乐的理想和抱负总是缠绕着他，令他寝食难安。终于，像当年离开广州北上一样，他再次决定拜别慈母远赴欧洲。他的理想之地是巴黎。那里的留学生和华侨比较多，而且也是世界音乐的殿堂。他在心中为自己加油："顶硬上！"只要胸怀大志，没有做不成的事。为了他的音乐理想，他再一次整装待发。

第 二 章

求学巴黎

一、"对着上帝"练琴

早在晚清的时候，中国政府就开始选派青年学生出国学习。进入20世纪以后，随着中西交流的拓展以及中国社会对西方现代科技和文化的向往，中国政府选派的官费留学生逐渐增加，清华大学的前身就是培养留美学生的预科学校，同时一些家境殷实的开明人士也会自费送子女出国学习。在中国近现代史上，那些活跃在政治界、科学界、文学艺术界，为中国社会的进步做出卓越贡献的知名人士中有许多人都有留学的经历。

当时的留学生首选日本和美国。因为日本离中国近，生活习惯也与中国差别不大，而且自明治维新后国力迅速强劲，这使得日本成为中国摆脱贫穷落后走上现代之路的楷模；美国有着强大的科技力量，同时它的民主政体、行政建构也吸引着众多学子为求救国之路不远万里漂洋过海。相对而言，法国这个老牌的欧洲国家在此时吸引力远不如美国和日本大。法国虽然是艺术之都，但欧洲的经济和科技的力量远不如美国强，而在当时的留学生看来，文学艺术是有闲者的消遣，是不能救中国的。

不过，对于酷爱音乐又家境贫寒的冼星海来说，法国却是留学的首选之地，一是因为那里有建于1784年的法国国立巴黎音乐学院（Conservatoire National de Musiqueet de' Clamation）。（这个学院的译名和建立时间有多种说法，这里采用冼星海自己的介绍。）它是世界上最有影响的音乐学府之

巴黎音乐学院

一，培养出德彪西这样享誉世界的大音乐家；另一方面，法国有工人运动的历史，通过共产国际这样的国际组织，可以安排留学生赴法勤工俭学，中国共产党的部分早期党员都曾通过勤工俭学的方式留学法国，比如周恩来、蔡和森、向警予，等等。

1929年夏，一贫如洗的冼星海揣着朋友们凑的10元钱，曲线赴法。为了省钱，他先登上了从上海开往南洋的商船到了新加坡，在他儿时曾经住过的城市里停留了几个月，教书抄谱做杂工，筹得了一点点的路费，然后在一个朋友的帮助下在一条开往法国的轮船上找到了一份工作。就这样，他一边干杂活一边随船到了巴黎。语言不通，身无分文，无亲无故的他踏上了异国的土地。在基本的生活物资都得不到保障的前提下学习音乐谈何容易？但是，为了音乐，冼星海什么苦都能吃，什么困难都不怕。

官费留学生们一般都享有很高的政府补贴，以"庚子赔款生"为例，他们除了享有留学期间的学费、生活费、医疗费以及部分旅游的费用之外，还能得到包括置装费和前往留学国的路费。赴法国留学生的官费由政府和地方共同开支，有些省份，比如广东，经济条件好些，也比较重视教育，便

> 历史文化知识 <

〔庚子赔款生〕

　　1908年，美国国会通过法案，授权罗斯福总统退还中国"庚子赔款"中超出美方实际损失的部分，用这笔钱帮助中国办学，并资助中国学生赴美留学。双方协议，创办清华学堂，并自1909年起，中国每年向美国派遣100名留学生。这就是后来庚款留美学生的由来。1909年、1910年和1911年，在北京三次从全国招考庚款留学生。当时对考生的要求除了通晓国文、英文外，还须"身体强健，性情纯正，相貌完全，身家清白"。初试，考国文、英文和本国历史与地理；再复试，分别考物理、化学、博物、代数、几何、三角、外国历史和外国地理诸科。第一批庚款留美学生共50人。他们所学专业大多是化工、机械、土木、冶金及农、商各科。后来的清华大学校长梅贻琦就是其中之一。

　　会给广东籍的留学生额外的补贴。中国现代史上的著名女作家苏雪林当年就从北京女子高等师范学校考取了法国的官费留学，在她的回忆录里曾对广东籍学生额外的优厚待遇表达过不满。但是，不管怎么样，官费留学生在留学国大多能够衣食无忧，安心学习。

　　不过，冼星海并没有这么好的待遇。他虽然也是广东人，但在国内没有受过正式的高等教育，没有机会考取官费，所以只能先找一份工作，维持生计。只有等到有了一定的收入，生活基本稳定之后才有可能进学校，找老师。不过当时去法国留学的学生中有相当一部分是属于勤工俭学类的，所以冼星海并不寂寞。

　　由于没有专门的技术，语言也不通，冼星海在巴黎只能先干一些体力活。他的第一份工作是餐馆的杂役，这还是一位好心的中国移民替他介绍的。从此之后，冼星海的每天就从黎明开始了：早上5点钟到牛奶厂和面包房取货，然后回

来迎接最早的一批顾客，为他们提供早餐服务；接着到菜市场取菜，然后回来洗碗刷碟，打扫餐厅；客人一拨拨地来，只要有生意做，老板都不会轻易打烊，所以冼星海常常是黎明一睁开眼睛就得忙到子夜时分。

这样超负荷的体力劳动换来了冼星海暂时安定的生活，而且几个月后，他终于攒够了钱买了把提琴。这提琴可是他日思夜想的宝贝，在国内用的那把琴早已被他不得已变卖了，换成了继续学习音乐的旅资。冼星海把这把琴带到了他工作的餐馆里，忙里偷闲的时候就躲在角落里练练，有时候拉得太着迷，也难免听不到老板的吆喝。他的老板当然不喜欢他拉琴，觉得他偷懒，影响生意。他的同事们也不喜欢他拉琴，这些同样生活在社会底层的人怀有深刻的种族偏见，觉得一个东方人拉这种优雅的玩意儿既不合适也无必要。那位介绍他来做工的中国同乡更是一见到他拿琴就格外多找工作给他做，把他指挥得团团转。可是冼星海性格倔强，宁愿忍受着老板刻薄的言辞、同事蔑视的眼光也不愿说出他来巴黎学音乐的志愿，"燕雀安知鸿鹄之志"啊！

既要应付繁重的体力劳动，又要抽时间练琴，凭借过人的毅力，冼星海始终坚持着，但是他那瘦弱的身体毕竟难以超负荷地长时间运转。终于有一天端菜上楼时，他因为眩晕，连人带菜重重地摔在地上。老板气急败坏，同事们也都等着看笑话，只有那位中国同乡感念平时冼星海代他写家信，感念"同在异乡为异客"的艰辛，替冼星海说情。然而一切都无济于事，冼星海还是被无情地解雇了。

巴黎的工作并不好找，冼星海常常处于失业和饥饿之中。为了那一点点维持生活的面包，他曾经做过各种各样的工作。他在餐馆里跑堂、在理发店里当小工、在浴室里帮人修剪指甲、在西餐厅做Boy，帮人养羊喂鸡，帮人守电话看孩子……繁重琐屑的工作使他成天为了最基本的生存需要而疲于奔命。冼星海在自述那时的艰苦生活时说：

> 我失过十几次业，饿饭，找不到住处，一切困难问题都遇到过。有几次又冷又饿，实在坚持不住，在街上瘫软下来了。我那时想大概要饿死了，幸而总侥幸碰到些救助的人。这些人是些外国的流浪者（有些是没落贵族，有些是白俄）。他们大概知道我能拉奏提琴，所以常在什么宴会里请我拉奏，每次给二百法郎，有时多的给一千法郎。我就是这样朝朝暮暮地过活，谈不上什么安定。有过好几天，饿得快死，没法，只得提了提琴到咖啡馆、大餐馆中去拉奏讨钱。忍着屈辱拉了整天得不到多少钱，回到寓所不觉痛苦起来，把钱扔到地下，但又不得不拾起来。门外房东在敲门要房金，只好把讨到的钱给他，否则就有到捕房去坐牢的危险（其实，如不是为了学习，倒是个活路）。有一次讨钱的时候，一个有钱的中国留学生把我的碟子摔碎，掌我的颊，说我丢中国人的丑！我当时不能反抗，含着泪悲愤得说不出话来。——在巴黎的中国留学生很不喜欢我，他们有钱，有些领了很大一笔津贴，但却不借给我一文。有

时，我并不是为了借钱去找他们，他们也把门闭上……

即便如此，对于学音乐，冼星海并不感到灰心。每天只要有时间学提琴、看谱、练习作曲，他便能忘记艰辛和屈辱。寒冷的异国他乡，音乐是他唯一的慰藉，也是他唯一的梦想。

最初，冼星海在巴黎租住的是一所最便宜的叫做"蜜蜂窝"的房子。它在一座巨大的大厦的第八层或第九层的顶楼，非常狭小。这一带的房子都很破，这一间尤其破。进入这间房子首先要爬过一层高而直的楼梯，接着又是一层螺旋的高梯，从外面看更像一个鸟笼挂在空中。这房子原本是楼梯的出口，并不能住人，但房东把这个出口的四周空地用墙围起，把它变成了一个"凹"字形的房间。房间的内部完全像一个狭窄的锁形走廊，仅仅最里面的一处可以放一张小床，紧贴着床的是一张二尺见方的小桌子，桌子上是一面叫做"牛眼"的向天空的玻璃窗。这房子只有一个成年人的高度，想要舒舒服服地伸个懒腰都绝无可能，更不用说是拉琴了。可是够高度能拉琴的房子冼星海又怎么租得起呢？思前想后，他终于找了解决的办

> 历史文化知识 <

〔马思聪〕

马思聪（1912—1987年），广东海丰人。家境殷实，11岁即随大哥留学法国巴黎，1925年考入法国国立巴黎音乐学院预科班。1928年正式考入法国国立巴黎音乐学院提琴班，成为中国，也是亚洲第一个考入这座高等学府的黄种人。1929年初，国内家境突变，马思聪回国。他先后在香港、广州、上海等地演出，被誉为"音乐神童"。1931年，经当时广东省政府资助安排，马思聪二度赴法留学，第二年归来，任中国第一所现代"私立音乐学院"院长。其后，马思聪分别在北京和南京任教。

法，每到练琴时就站在桌子上，上半身伸出屋顶，伸向天空，广阔天空都在他的襟怀之中。

每晚，工作完毕，冼星海都会推开天窗，"对着上帝"练习他的音阶。为了不影响邻居的睡眠，他装上了弱音器，沉浸在一个人的音乐中，直至深夜。

冼星海的第一位小提琴老师是巴黎歌剧院的首席小提琴手帕尼·奥别多菲尔（Paul Oberdoe ffer），他也是我国著名音乐家马思聪的提琴老师。实际上，冼星海能跟随奥别多菲尔学琴也得益于马思聪的帮助。

马思聪也是广东人，1923年和1931年两度留学法国，学习音乐，不过在此之前他并不认识冼星海。冼星海在餐馆失业后在一家澡堂找到了一份临时工作，这家澡堂离位于马德里路的巴黎音乐学院很近。每天上班前或是下班后，他常常在这所梦想中的学校门外徘徊，他多么希望自己有一天也能够进入这座音乐的圣殿，成就他的伟大理想。当时马思聪正在这里学提琴，这位第一位考入巴黎音乐学院的中国人成了冼星海的榜样和引路人。

据马思聪后来的回忆，1929年的某一个下午，一个穿着破烂大衣的东方人向他打招呼，听口音是广东人，这是他第一次见冼星海。冼星海见到他便急切地滔滔不绝地说了起来，他倾诉着自己来法国求学的艰辛，表达了自己的音乐志向，并恳请他介绍一位提琴老师。他们边谈边走，穿过繁华的巴黎大街，来到一个装着玻璃门的店面跟前，那就是冼星海工作的浴室。因为冼星海工作的时间已经到了，时间局促

〔亨德尔的《广板》〕

亨德尔于1738年春在伦敦写了一部题为《西尔斯》的意大利式歌剧，同年4月5日首演于皇家剧院。该剧叙述了古代波斯王西尔斯图谋霸占兄弟的情人而遭失败的故事。歌剧第一幕第一场中，西尔斯在宫院里唱了一段带宣叙调的咏叹调，仅有一句歌词："未见过如此可爱、美丽的大树荫。"由于这一咏叹调的旋律优雅、抒情，不仅为历来的歌唱家们所喜爱，而且成了小提琴或管弦乐队在音乐会上演奏的名曲。因原唱段标有"广板"的速度记号，所以器乐曲即以此为题。其曲首的音乐徐缓从容、庄严和谐，尔后节奏稍有变动，且偶尔做跨小节的切分处理。全曲旋律通过模进、跳进等方式绵延不断地伸展，具有复调音乐的旋律特点。

不能多谈，于是他们约定了次日见面的时间和地点。第二天，马思聪如约地爬上了冼星海的"蜜蜂窝"，见识了他伸出"牛眼"天窗"对着上帝"拉琴的样子。在巴黎，勤工俭学的中国留学生很多，他们大多生活俭朴学习刻苦，为了自己的理想而坚持着，但是真像冼星海这样艰苦，这样勤勉的留学生却不常见。或许就在这时，马思聪被他的苦干、耐劳、坚毅的精神所打动，决定帮助这位将音乐作为毕生大志的同乡。

马思聪带着冼星海去见自己的老师奥别多菲尔，这对急于拜师学艺的冼星海来说无疑是千载难逢的机会，冼星海极力缓解着激动紧张的情绪，试奏了一曲亨德尔的《广板》。尽管冼星海已经尽了自己最大的努力，但奥别多菲尔是一位严谨而挑剔的老师，他对冼星海的这次表现并不满意，而且认为冼星海并不具有学习音乐最好的资质，比如他没有聪敏的耳朵和灵活的手指，另外相对于学习提琴的最好年龄，冼星海显然是偏大了。不过这个中国小伙子身上有种诚恳、固执和不达目的决不退缩的勇气，这又是任何一个胸怀大志、渴望成功的人必须具有的素质，再加上马思聪转述了关于冼星海艰苦求学、乐观上进的故事，增加了这位著名的小提琴演奏家对他的好感。思虑再三，奥别多菲尔决定收冼星海为徒。

能够拜得名师，冼星海的信心倍增。一个朋友曾嘲笑他说，算了吧，就算上帝特别优待你，给你一天48个钟点，你还是学不好的。但他什么都不怕，连学不好也不怕。每天清晨，冼星海推开天窗伸展双臂，迎着朝阳的温暖开始了一天的练习。有了名师的指点再加上日复一日的苦练，冼星海的提琴技艺提升很快。

虽然说天道酬勤，但是上苍并不特别眷顾这个勤奋的年轻人。或者正如孟子所言，天将降大任于斯人，必先苦其心志、劳其筋骨、饿其体肤、困乏其身……冼星海的顶楼上虽然阳光充足，空气新鲜，但是冬日将近，飕飕的冷风不一会儿就吹走了他身上的热量，吹得他手指僵硬。然而寒冷只是第一步，那冷风中僵硬的手指在因年龄偏大而变得难以攻克的技巧面前更是无所适从。当然，除了冷风和那些提琴技巧，冼星海还必须对付三餐一宿的日常生活。这些在我们现在看来完全不是问题的问题却是时时困扰着他，令他无法专心学业的头等大事。他因为练琴时常失业，饿着肚子练琴是生活的常态。自己一顿两顿不吃饭倒是可以，房租却是片刻也拖欠不得的，毕竟他的房东是个靠房租过活的寡妇。

　　为了吃饭交房租，他去咖啡馆里拉琴，去大餐馆里拉琴。法国人并不介意有人以拉琴为生。在欧美国家里，流浪艺人街头献艺原本就是西方社会的一道文化风景线，可是中国人并不这么看，他们觉得卖艺是戏子所为，非常卑贱，特别是中国人在异国卖艺，那简直是有辱国格。所以在餐馆拉琴的时候，冼星海不得不忍受那些拿着官费却花天酒地无心向学的中国留学生的肆意侮辱。但是为了能继续学习，他也只能如此，"忍辱负重"成为他当时生活的最好写照。他在床头的墙上写下了这样两行字来鼓励自己，一行是"岂能尽如人意，但求无愧我心"，自己问心无愧，并没有做什么见不得光的事情，付出劳动为的是能够留在法国学音乐，受点儿委屈算什么；另一行是"不怕天，不怕地，只怕自己不努力"，所谓勤能补拙，只要勤奋努力，一定能学出个样子来。

　　不过，吃饭和学习在冼星海身上总是一对难以统一的矛盾。当他终于又在理发店里找到了一份工作，不至于饿死街头的时候，却没有整块的时间练琴了。他总是深陷着眼窝，面容憔悴地在老师家的客厅里拉琴，这让奥别多菲尔既同情又遗憾。条件那么艰苦，却能拼着一口气来学音乐，可是摆弄琴弦的手指却又不得不去替人修指甲……于是，好心的老师免去了冼星海每月二百法郎的学费，送了他御寒的大衣，每逢音乐会演奏名曲时就送给他门票，但这并不能解决根本问题。奥别多菲尔也曾想办法帮助冼星海在巴黎歌剧院谋职，在他看来，这个勤奋的酷爱音乐的年轻人应该找一份与音乐有关的工作，并且一定能胜任这份工作。不过巴黎歌剧院的责任人并不这么看，他觉得只有受过良好音乐训练的贵族子弟才是合适的人选，而这个贫穷不堪成日打短工的东方人无论如何是难以胜任的。奥别多菲尔愿望虽然没能实现，但老师的好心仍让孤身在外的冼星海感激不尽。

有了奥别多菲尔的引荐，冼星海又找到了巴黎音乐学院的教授诺艾·加隆（Noel Geallon）学习和声学、对位学和赋格曲（Fugue），这些都是学习作曲所要学的课程，赋格曲又称"遁走曲"，是复调音乐曲式之一。加隆教授每月的学费是二百法郎，但是听说了冼星海的贫困和刻苦，也免去了他的学费。后来冼星海又跟随圣咏学院（Schola Cantorum）的教授樊尚·丹第（Vincent d'Indy）学习作曲。（圣咏学院是法国国民乐派音乐专科学校，创办人之一是丹第，这也是巴黎最有名的音乐学院之一。与巴黎音乐学院不同的是，它不限制入学年龄，除了注重演奏技巧之外，对音乐理论也很重视。）丹第是世界三大印象派作曲家之一，他继承和卓有成效地发展了印象派的作曲技能，在法国享有一流音乐大师的声誉，近代法国印象派作曲家受他的影响很深。丹第教授去世后，冼星海又跟随昂古特（Lioncourt）教授学作曲，跟拉拜（Labey）教授学指挥。

在这一年多的时间里，冼星海如久旱逢春雨的禾苗，如饥似渴地拼命学习，他的演奏技巧、音乐理论和指挥技能都在迅速提高。但是他尚未成为巴黎音乐学院的正式学生，生活窘困。为了能继续学习，也为了那昂贵的音乐会的入场

券，冼星海做过很多工作：帮人抄谱、看管小孩、传呼电话、帮人养牛喂鸡、在咖啡馆和餐厅拉琴，等等。生活过得很辛苦、很艰难，但是他什么都不怕。

也正是在这样艰难的环境下，冼星海创作出了他在巴黎最满意也最成功的作品《风》。在《风》问世之前，冼星海也有两三个习作，比如小提琴钢琴合奏曲《d小调奏鸣曲》，那是他花了八个月时间按照学院派艺术至上的标准仔细打磨出来的作品，但是这个作品因为缺乏真情实感，又过于重视技巧而显得生硬干涩。披星戴月地做苦力，可怜的仅能果腹的面包和房东催交租金的敲门声渐渐让冼星海有了通过音乐诉说人生苦痛的冲动。在一个寒风刺骨的晚上，冼星海拿起了笔，开始写那首著名的曲子——《风》。

冼星海自己后来也常常和他的学生们提起创作《风》的那个晚上。那年冬天特别冷，风特别大，他租住的"蜜蜂窝"四面全是玻璃，而且大多破损，所以非常寒冷。晚上，寒风从小屋的四面八方蜂拥进来，让人无处躲藏。他蜷缩在小床上，没有棉被只能裹紧大衣，但是呼呼的冷风毫不留情，几乎要带走他身上的所有体温。寒冷让他没有一丝睡意，他爬起来，用所有的衣服、毯子、被单堵住小屋里的风口，点燃小油灯。此时人生的、祖国的一切辛酸和苦难在呼啸的寒风中涌上心头，他摊开总谱纸，借着在风中飘摇的点点灯火，乐思奔涌，难以自制，那笔下飞泻出的一串串音符，凝成了一首悲愤的旋律。

冼星海就是带着这个一夜之间一气呵成的作品跑进奥别

多菲尔的客厅的。这部作品首先得到了奥别多菲尔的肯定，继而交由乐队演奏，配以女高音演唱，并在巴黎广播电台播放。也正是这首《风》，打动了巴黎音乐学院高级作曲班的保罗·杜卡教授（Paul Dukas），使他决定收冼星海为徒。

半工半读的巴黎生活一直让冼星海疲于奔命，为了能够获得官费助学金，他多次找中国领事馆交涉，甚至拿到了巴黎市长赫里欧的证明文件。徐星平的传记文学《黄河魂》中收录了巴黎市长的这份文件，上面写着：

中华民国政府驻巴黎领事馆：

贵国青年学生冼星海，于一九二九年九月来巴黎求学，半工半读。但学无定居，生活无着。鉴于国际公法规定，该生应由贵国发放助学金，以示对留学生的关怀。

赫里欧

一九三一年十二月十三日

不过，巴黎市长的证明文件似乎对中国领事馆并不具有效力，冼星海一直在等待中经历着生活的困厄，虽然他从未放弃申请的努力。冼星海留学期间，新军阀陈炯明曾出访法国，当时巴黎市长赫里欧组织了隆重的欢迎仪式，并且特意为他安排了一场巴黎歌剧院的演出。奥别多菲尔介绍冼星海做了陈炯明的临时音乐翻译。冼星海也希望能够通过与这位"要人"的接触获得在法国的助学金或者去德国学习军乐的机会。然而这个愿望再次成为泡影。从1929年到巴黎开始半工半读的艰辛生活到1935年回国，冼星海没有得到过一分钱的助学金，六年的求学之路只凭他断断续续地做着苦力杂役以及师长和学校的有限帮助，他经历的困苦，他遭受的磨难实在是常人难以想象的。

二、巴黎音乐学院的穷学生

《风》问世之后很受音乐界的好评，冼星海的老师们也都很赞赏这部作品。当《风》的作品录音最初在巴黎广播电台试播的时候，杜卡教授正以全法电台音乐总监的身份参与着评选。随着这首乐曲不断地在巴黎广播电台播放，不断地成为音乐会上的固定曲目，冼星海的音乐才华也逐渐被法国音乐界所认识，而他身处逆境却坚持不懈的精神也让杜卡教授尤为感动。《风》带给这位巴黎音乐学院高级作曲班的著名教授良好的印象，他找到冼星海，同意他报考巴黎音乐学院，并鼓励他努力成为自己的学生。而在此之前，冼星海虽然跟随许多著名的音乐教授学习，但那只不过是诸位音乐教授门下的私人学生。

冼星海能够报考巴黎音乐学院得益于杜卡教授的欣赏和鼓励，但他最终能够考取却和另一个法国女孩的帮助分不开。在冼星海自己的叙述文字中只提到了有"一个女青年作曲家也给我很大的帮忙。她亲自弹奏过我的作品，她鼓励我不要灰心，教我学唱，学法文，经济上不时周济我（她的母亲待我也很好）。在我考巴黎音乐学院的时候，她先练习了八个月的钢琴为我伴奏"。在冼星海不同版本的传记文学作品中，这个法国女孩的形象都非常鲜明生动。马可的《冼星海传》中，这个女孩叫路易丝，出生在一个法国工人家庭里，是一所小学的音乐教师，在冼星海饥寒交迫潦倒街头的时候，路易丝一家人帮助了他。显然，马可是为了突出两人的阶级身份和阶级感情。而在徐星平的《黄河魂》中，这个女孩叫祖尼丝，是杜卡教授的学生，杜卡教授为了帮助冼星海参加巴黎音乐学院的考试，特意介绍给他为他钢琴伴奏。杜卡教授也时常托这位女弟子带些衣物、乐谱给冼星海。如此描述这个女弟子，是为了突出杜卡教授惜才如金。至于这个法国女孩后来是否与冼星海谱出异国恋曲，则为后人留下了广阔的想象空间。其实这个法国女孩的出身和身份并不重要，重要的是在孤苦无依的异国他乡，有一个温暖的法国家庭帮助并支持过冼星海，不仅是在音乐事业上，更在精神和信念上。

考试的那天，冼星海因为穿着一套袖子长了几寸的破旧西服而被门警拦在校门外仔细盘问。门警始终不相信这位衣着破旧穷困不堪的东方人是来报考高级作曲班的，因为原本中国人考初级班的都很少，而这么多年也只有马思聪考进了高级提琴班。在一般的法国人眼中，音乐、艺术只跟优雅的有修养的法国贵族有关。正在这尴尬的时刻，杜卡教授向他走来，攀着他的肩把他带进了学校。

考试进行得比较顺利，他的和声、赋格、视唱练耳、作

品分析和民族音乐都得了很好的分数，小提琴演奏因为冼星海长时间的"对着上帝"苦练也顺利通过，最后交上去的作品《风》更是得到了众考官的首肯。凭借优异的成绩，冼星海不仅考上了巴黎音乐学院，更获得了学院颁发的荣誉奖。在院长请冼星海选择自己想要的物质奖励时，他选择了饭票。他的选择令考官们惊异。对冼星海来说，最高的奖赏莫过于免于饥饿。

进入巴黎音乐学院之后，冼星海的生活有了些许改善。他从这间冬冷夏热的顶楼"蜜蜂窝"里搬进了隔壁的一间小工作室。房间依然很小，但至少不用再伸出"牛眼"天窗"对着上帝"练琴了。这段时间，除了争分夺秒地学习，冼星海的生活比较安定，他的一位朋友给他一份抄谱的工作，使他不必再东奔西跑地修指甲、洗碗碟。他抄得很快，每天只花一两个小时就能够糊口。不过抄谱的工作不是时时都有的，一旦没有谱抄，他又没有其他经济来源，日常生活便会受到威胁。

搬离"蜜蜂窝"不久，冼星海就结识了另一位贫困的中国留学生滑田友。其实滑田友就是"蜜蜂窝"的下一任房客，他是来巴黎学雕塑的，和冼星海一样有着伟大的艺术理想，也和冼星海一样贫困潦倒，相同的境遇使两人很快成了好朋友，苦乐哀愁有人分享也是艰辛生活里的一种慰藉。因为住隔壁，他们几乎天天见面，家事、国事、天下事都是他们长谈的内容，但他们说得最多的还是经济问题。冼星海对自己得不到官费非常不满，他说："现在我最大的希望，就是中法大学的官费。中法大学的书记已经来过几次了，多少有点可靠；但可恨的是中国掌握官费的人，他是不会注意到我们穷人的。如果你有钱有势，他可以闻风响应送你官费，不问你是在巴黎逛马路或者天天坐咖啡馆；如果你无权无势，纵使成绩再好，也是枉费心机！"不过他并不灰心，他认为"我们一方面去请求官费，一方面应当更加努力，把成绩做到比所有领官费的人都好"。

冼星海学音乐，滑田友学雕塑，虽然不是同行，却常常交流对艺术的见解。那段时间，冼星海所作的乐曲差不多都对滑田友演奏过，而滑田友也可以说是除了冼星海的老师之外唯一的听众。冼星海常常拿着提琴走进这间"蜜蜂窝"，兴致勃勃地要求滑田友对他新作的曲子提意见。艺术是相通的，虽然形式各异。滑田友借助自己对雕塑的看法来听音乐，冼星海也常常对滑田友的作品提点意见。两个人常能在这样的艺术交流中获得灵感。

抄谱的工作时断时续，冼星海不得不再次为生活奔波，他课余时间曾到车站当挑夫、去餐馆里当跑堂。滑田友也曾试着将砚台反转过来刻上线条，拓成拓片，拿到街上去卖。当滑田友身无分文的时候，冼星海也曾把自己赚来的几个硬币分给滑田友一半。虽然生活拮据，但两个年轻人却能因为彼此的鼓励和关怀获得不尽的勇气和动力。

冼星海的贫困得到了老师和同学的同情，杜卡教授给他提供了许多无私的帮助，除了送给他衣服和钱之外还送他很多乐谱。他的一个同学介绍他认识了两位六七十岁的老修

女，她们经济优裕，喜欢音乐又充满爱心。两个老修女非常喜欢冼星海，像爱自己的孩子那样对他，每天要他过去吃饭。有了两位老人的热心帮助，冼星海终于可以安心地学习他的音乐，为他的理想全心奋斗。那些不忧柴米的日子真可以说是冼星海在巴黎的黄金时代了。

这段时间，冼星海通过系统的学习增进了不少知识，也促使他不断地思考中西音乐的差异和交融问题。在《风》之后，他又陆续写了《中国古诗》《夜曲》《牧歌》《山中》《杜鹃》《游子吟》等歌曲。这些作品虽然在创作上深受杜卡和丹第的影响，带有明显的印象派特点，但冼星海也在努力将自己对中国音乐的感受融入其中。他曾和滑田友说："关于作曲的问题，我们不应该受人和乐器的限制，比如，乐队最强的时候用大鼓，将来若有必需，大鼓不够甚至可以用大炮。同时也不应该说学音乐的人只有学西洋音乐才是正规，其实我们中国的音乐有很宝贵的遗产，我们可以开发出很大的园地。比如说西洋乐器与中国乐器来个很大的合奏，一切的声音都可以利用到一首曲子里面。"

1935年春，冼星海从高级作曲班毕业了，然而他的恩师杜卡教授却在他毕业前夕逝世了，这对冼星海是个非常大的打击。随后，冼星海写了一篇纪念杜卡的文章寄给时任北平《大公报》的《艺术周刊》的编辑司徒乔。在这篇文章中，他自述其目的是为了要纪念这位世界乐坛上的重量级人物，纪念他与冼星海的师生关系，更为了国人能够更了解这位"仁慈、伟大、谦逊的音乐天才生平的努力"。虽然"中国乐坛也许早已知道，德彪西以后，还有一位杜卡，印象派的继承者。这是法兰西音乐史上不灭的火！"在文章中，他这样描述这位恩师：

……他一生的作品不很多，但每作一小曲，他都得几经推敲，毫厘不苟，艺术匠心之精微，实法兰西乐坛之典范。他从不肯让他的作品完成了便发表，马上排印，更不愿马上博得荣誉，必经许多时日的考虑才肯让他的作品供诸乐坛。他不轻易用一音，即把一音写下，他必几番思索然后放心，怎怪他的作品不多而伟大！虽则他还是那么对他的学生们说，他的作品是怎样还没有完整！他怎样还在希望写到更完备。

他的为人最爱深思缄默，家里很朴实，不喜接客，除了他的学生可以随时被接见，他是不给人电话的号码和接见的机会的。这不是架子，这只是他爱孤独的一种表现。他更恶张扬，临死时他亲自对家人说，请朋友们不要送鲜花，别演述他的生平来表示敬美，他喜欢沉默的敬礼。

他虽迟迟在七十岁的年月才被举为法国国家学院（Membre de l'Institut）的会员，是法国国家最高荣誉奖（Officier de la Legion d'Honneur）的膺受者。他是法兰西乐坛近代三大印象派巨子之一，是德彪西的后继者。于我，于幸福的他的学生们，他不特是全法无线电台音乐总监，巴黎音乐学院高级课程的顾问，他更是音乐学院作曲班的教授，学问前途的慈父，法兰西青年音乐者的导师。

这导师的最大贡献，除了雄厚的，富于伟大想象的作风，准确的表情，平衡而紧凑结实的曲体之外，他是被称为"近代音乐的'力'（Force）"；我现在写这信来纪念他，正不知我国的音乐界，几时才把一点这个"力"移植到我们祖国奄奄的乐魂里。……

毕业了，总要为自己的将来做个选择，在异乡漂泊了七年的冼星海决定回国。

三、海外归来

曾经为冼星海钢琴伴奏的那位青年女作曲家很希望他能继续留在法国，虽然杜卡教授过世，冼星海也已经毕业，但是法国有丰厚的音乐土壤可以继续滋养这位未来的音乐家。相对而言，1935年的中国却是战祸频仍，灾难不断的。日本已经侵占了东三省，并且不断在华衍生它的势力，国共两党之间的小规模的武装冲突也不断升级，国内物价攀升、经济萧条、灾害不断，而各大城市也时常上演学生和民众要求停止内战联合抗日的示威游行。但是冼星海思母心切，思乡心切，国内越是战乱，他越想尽快回到祖国。他谢绝了女青年作曲家的挽留，但为了不让这位一直倾心帮助他的法国女子伤心，他把许多曲稿留在法国托她保管，他安慰她说自己只是回国看看母亲，半年后还会再回巴黎。

　　20世纪上半叶的中国是贫穷落后的代名词，虽然有不少留学生凭借自己的刻苦努力取得了令人瞩目的成绩，为中国人"争了口气"，但是卑微的国际地位仍令海外的华人备受歧视和冷遇。现代作家郁达夫的名作《沉沦》描述的就是留日学生在物质精神的双重困境下备受欺凌蹈海自尽的故事，临终前，主人公对着祖国的方向大喊：祖国啊，你为什么不强大起来，我的死是你害的啊！冼星海在国外也遭遇不少歧视，因为他的东方脸，因为他身上破旧的衣衫。冼星海曾提到他回国前最后一次去伦敦旅行的经历，客船登陆时，英国政府不允许他入境，边境检察官看着他的身份文件和穿衣打扮，不相信他是旅行者，而怀疑是个偷渡客，在入境处扣押了他几个小时，幸而允许他打电话到领事馆，弄清缘由才解除了麻烦。

　　然而，国家的贫穷弱小和华人在国外受到的歧视更能激起留学生们的爱国热情，特别是在那个内忧外患的年代里，

> 〉历史文化知识〈
>
> ［幻灯片事件］
>
> 　　鲁迅在《呐喊·自序》中描述过此事。当时鲁迅在仙台医学院学医，讲义授完，下课时间未到，教师便会给学生放幻灯片，他写道"有一回，我竟在画片上忽然会见我久违的许多中国人了，一个绑在中间，许多站在左右，一样是强壮的体格，而显出麻木的神情。据解说，则绑着的是替俄国做了军事上的侦探，正要被日军砍下头颅来示众，而围着的便是来赏鉴这示众的盛举的人们"。鲁迅因此认为学医并非一件紧要的事，"凡是愚弱的国民，即使体格如何健全，如何茁壮，也只能做毫无意义的示众的材料和看客，病死多少是不必以为不幸的"，所以决定弃医从文，着手改变人们的精神。

他们都希望能够学成归来，为国家服务。在他们心里，报效祖国绝对不是一句空口号，而是发自内心的真切愿望。正因如此，在很多留学生的散文或回忆录中都有类似鲁迅所说的"幻灯片事件"，激起自己救国民于水火的英雄主义豪情。徐星平在冼星海的传记中描绘了这样一幅图景，冼星海站在"国际工会"门外的橱窗前看到新展出的一批图片："太阳旗下，日本军队野兽般地闯入中国东北的土地，他们用刺刀挑着不满周岁的中国婴儿，脚下横七竖八地躺着被枪杀的同胞。一个军官模样的家伙，双手握着锃亮的指挥刀，对着一个赤身裸体战战兢兢的中国妇女发出狰狞的狂笑……"这些典型的描述日本侵略军罪行的图片刺痛了冼星海的民族自尊心，更坚定了他回国报效祖国的决心。

冼星海自己也描述了他乘船回国，船到香港时喜怒交集的感受。他写道："喜的是一别七年的祖国已经在望，愤怒的是香港的那种建筑一律是殖民地式，连颜色也一样。以前未到欧洲不知道此种耻辱，到过了巴黎看过殖民地展览会，和亲眼看过非洲以及安南等地的建筑后，这种愤怒是不能不起来了。待到香港印度巡捕故意和我们为难的时候，更加愤恨。以后到了上海，除了像在香港所得到的不快外，还加上码头工人破烂衣装的刺激，比起在巴黎影片里看到的更要使我难过。"

1935年夏，冼星海启程回国。和七年前一样，他没有川资，托朋友在一艘英国货船上找到了一个洗菜的位置。七年前到巴黎两手空空，七年后离开巴黎仍是不名一文。

第 三 章

辗转内地

一、百代公司的音乐编辑

中国现代的音乐专业教育从"五四"时期开始建立，经历了近20年的发展已经取得了不小的成绩。在当时所办的专业音乐教育机构中，最有影响力的当属冼星海的母校上海国立音乐专科学校。除此以外，还有南京的中央大学教育学院音乐系，上海美术专科学校音乐系，私立广州音乐学院以及燕京大学、沪江大学、金陵女子文理学院等教会学校的音乐系等。当时很多在国外专修音乐的留学生学成之后都选择在这些学校中任教，从而提升了国内音乐专业教育的专业水准。比如毕业于耶鲁大学音乐系的黄自，先后在哈佛大学、新英格兰音乐学校、纽约音乐学院学习过的周淑安，毕业于密西根大学音乐系的应尚能等在1930年后都任教于上海国立音乐专科学校。马思聪回国后则在广东省政府的安排下就任了中国现代第一所私立音乐学院——私立广州音乐学院的院长。

以上海国立音乐专科学校为主的各个专业音乐教育机构的音乐演出活动在当时都非常活跃：除了综合性的音乐会之外，开始有了个人的或少数人的独唱、独奏音乐会以及完全由国内音乐家所组成的小型乐队和器乐重奏的音乐会；外国音乐家的旅行演出以及在中国生活和工作的外籍音乐家的演出活动也比过去增多了；国内的歌唱家比如应尚能等的演唱也开始被灌制成唱片；此外音乐会演出的曲目中，国内原创的作品也开始占据一定的地位……所有这些都说明中国现代音乐艺术的水平在20世纪30年代中后期已经有了很大的发展。

正是在这样的背景下，冼星海经历了长途的海上旅行，终于回到了阔别七年的祖国，见到了他时时思念的母亲。漂泊海外时，他饱尝苦痛，是毕生的音乐大志支撑着他度过了那些艰辛岁月，如今学成归来了，他多么希望找到一份好工作，既能成就他的音乐梦想，也能让半世辛劳、直到现在还在给人帮佣的老母亲过上好日子啊！和众多的留学生一样，他回国后的理想工作就是成为一名大学音乐教授。

国内的多所音乐专业教育机构基本上参照欧美的音乐教育体制，以传授西洋音乐知识和技能为主要的教育内容。他们编辑的学术性的音乐刊物也主要是理论性的论著和译文，以及少量学校师生的原创作品。这样的教学理念和音乐品位显然很适合冼星海的资历，但冼星海回国后的情形并不乐观。冼星海回国时国内政局不稳，日本人已经占领了东北，并将侵华势力扩展到华北的大片领土上，社会各界倡导抗日救亡的爱国运动此起彼伏，而蒋介石政府的抵抗态度和抵抗力度明显难以满足国民的要求，民族矛盾和社会矛盾不断被激化。面对动荡不安的社会环境，各研究机构都无心开展专业建设，也不大愿意再招收新的职员。此外，从当时上海的《音乐周刊》所报道的音乐活动和一些音乐界的理论主张来看，20世纪30年代以后上海的音乐界流行着一种"为艺术而艺术"的音乐主张，也就是将音乐当作一种纯粹的审美活动，而不关注音乐与现实生活或者音乐与"美育"等方面的

关系。这与冼星海关注音乐社会功能的艺术理念也有一定距离。因而，南京中央大学和他的母校上海国立音乐专科学校都委婉地拒绝了他的求职要求。别无他法，他只好招收了几个学提琴的学生才暂时解决了生活问题。

很快，他的老朋友张曙来看望他，此时的张曙已经是左翼音乐家联盟的重要成员，并且切实地成为左翼音乐运动的负责人之一了。以前南国社的朋友们听说他回来了也热情地邀他参加文艺界的各项活动。有了这些南国社的朋友，冼星海不再觉得孤单无助，此外，他在戏剧界和电影界也结交了不少新朋友。

左翼文化运动正在上海蓬勃展开。（1930年3月，聚集在上海的进步人士率先成立了"中国左翼作家联盟"，倡导马克思主义文艺理论以及文艺大众化运动，随后又相继成立了"中国左翼戏剧家联盟"等八个左翼文化联合组织。这是一场直接由共产党领导的文化运动。）南国社的成员们大多都是些进步的左翼人士，他们非常希望冼星海能够加入其中，以充实左翼文化的宣传力量。而此时的冼星海正屡遭四处排挤之苦，空怀报国无门之憾，有了这些进步的朋友的引导，他很快便积极地加入到他们中来了。在张曙的操办下，他们特意在左翼报刊上为冼星海出了一个专刊，登载了他的照片，介绍了他苦学的经历和他的部分作品。不久冼

贺绿汀照片

星海又参加了歌曲作者协会，这是当时在中国共产党领导下的一个由进步的词曲作者自愿结合的组织，在这里他认识了吕骥、任光、贺绿汀等人，他们都是日后为中国新音乐运动做出重要贡献的音乐家。这场中国音乐史上的新音乐运动是左翼音乐战线在1936年提出的重要口号，认为新音乐应该成为民族解放和革命斗争的武器，应该坚持大众化的方向和现实主义的创作方法。

在冼星海所受的音乐教育中，音乐欣赏和音乐创作都是面向小众的高雅的艺术享受，而与这些左翼音乐人士的交往则为冼星海的音乐创作打开了一扇通往人民大众的广阔世界的大门。马思聪曾评价冼星海在巴黎时的创作："我觉得他

〉历史文化知识〈

〔任　光〕

任光（1900—1941年），浙江嵊县人，早年留学法国学习钢琴整音等技术，后转学作曲。1928年回国后任百代公司音乐部主任。主要作品《渔光曲》等。他也创作了大量救亡歌曲，并且投身抗日救亡演出。1939年曾赴南洋从事抗日救亡宣传活动。1940年到达华东敌后根据地，负责新四军内的音乐工作。1941年于"皖南事变"中牺牲。

〔贺绿汀〕

贺绿汀（1903—1999年），湖南邵阳人，曾参加过湖南农民运动和广州起义，后任武昌艺术专科学校教员，明星影片公司音乐科科长。卢沟桥抗战爆发后，参加上海救亡演剧队第一队，后在重庆育才学校任教。皖南事变后，参加新四军，在军部和鲁迅艺术学院华中分院从事音乐创作和教学工作。1943年赴延安，任陕甘宁晋绥联防军政治部宣传队音乐教员。1945年后在华北大学任教。解放战争时期，任华北文工团团长。1926年加入中国共产党。中华人民共和国成立后，任上海音乐学院院长，全国文联第四届副主席，中国音乐家协会第二、三届副主席，第五、第六届全国政协常委。主要音乐作品有《天涯歌女》《四季歌》《游击队之歌》《嘉陵江上》《牧童短笛》等，管弦乐《森吉德玛》《晚会》等。著有《贺绿汀音乐论文选集》。

很受Cesar Franck的影响，他钢琴的曲子很不顺手，没有钢琴的效果，他显然不懂得钢琴的技巧。可是他有气魄，有粗野的力，有诚恳的真情。"冼星海回国后依然坚持不懈地创作着。或许正是他曲风中这种"气魄""粗野的力""诚恳的真情"和他归国后耳濡目染的如火如荼的抗日救亡运动以及他的这些左翼朋友的指引促成了他创作风格的转变。他回国后的第一个作品是影片《时势英雄》的插曲《运动会歌》，此时他已经开始发挥自己的优势，有意识地利用民族形式和中国作风进行创作。

在上海，冼星海怀着很大的兴趣从事舞台和电影音乐的创作。除了《时势英雄》之外，他还创作了电影音乐《壮志凌云》《青年进行曲》《夜半歌声》《小孤女》和《潇湘夜雨》等，以及舞台音乐《复活》《大雷雨》《晚会》《卢沟桥》《太平天国》和《没有祖国的孩子》等。其中《夜半歌声》在当时风靡全国。他的学生马可评价他的这些作品是："热情坦荡、一泻而下，但又坚实敦厚，劲拔有力，那激愤的节奏、沉毅和灵动的旋律，仿佛每个小节都经过南国海水的冲荡和阳光的投射。"这些作品不仅受到了广大观众的欢迎也得到了当时文化界进步人士的支持，给冼星海带来了从事音乐事业的成就感，也坚定了他为人民而歌的信心。

在冼星海的作品中，数量最多的是救亡歌曲，在上海时他就创作了300多首，而且都是在短时间内写成的。他创作救亡歌曲固然有那些左翼朋友的影响，更与自己回国后的所见所闻相关。1936年日本的侵华势力不断在中国领土上蔓延，席卷全国各大城市要求政府抗日救亡的集会游行也不断上演，冼星海自己也参加了学生的抗日游行。但在繁华的大上海，国难当头时很多人仍然生活在自己的小世界里，街头矗立着好莱坞影星的广告牌，百货公司里播放着《毛毛雨》那甜腻的旋律，舞池摇曳着舞女们婀娜的身姿，而上海的音乐界则陶醉在"为艺术而艺术"的自娱自乐中。一面是军警、棍棒、激愤的民众，一面是雪茄、烈酒、盛装华服的有闲者；一面是口号和呼声，另一面却是高雅的室内乐和演唱会，强烈的对照刺激着冼星海的思维。在回答他为什么要写救亡歌曲时，冼星海说："当时一班顽固的音乐家们常常讥笑我、轻视我，但我是一个有良心的音乐工作者，我第一要写出祖国的危难，把我的歌曲传播给全中国和全人类，提醒他们去反封建、反侵略、反帝国主义，尤其是日本帝国主义。我相信这些工作不会是没有意义的。"

冼星海创作的第一首救亡歌曲是写于1936年的《五卅十一周年纪念歌》，这首歌原本是吕骥的任务，只因他忙转给冼星海来写，冼星海在一个小时内就完成了，并于当天晚上交给了词作者施谊（孙师毅）。而打破百代公司销售纪录的是另一首救亡歌曲《战歌》，也正是因为这首歌曲的广泛影响，让冼星海获得了回国后第一份稳定的工作——百代公司的音乐编辑。

《战歌》也是冼星海的快速之作，据词作者俯拾（陈凌霄）回忆，某一天下午，他将《战歌》的歌词交给冼星海，冼星海先是将歌词反复审读，然后拿起笔，在五线谱纸上塞

〉历史文化知识〈

〔塞 克〕

　　塞克（1906-1988年），河北霸县人，原名陈秉钧，诗人、戏剧家，1927年，塞克在上海参加田汉领导的"南国社"，演出《南归》一剧，声名大著，从此开始话剧表演生涯。嗣后在上海明星公司担任演员，并在新地剧社、狮吼剧社担任领导、导演，为中国早期的电影、话剧艺术做出了贡献。他还翻译了高尔基的《夜店》和许多苏联歌曲的歌词，创作演出了《流民三千万》《铁流》等抗日剧目。塞克是中国救亡歌曲的重要词作者，也是新音乐运动的旗手之一。著名的抗战救亡歌曲《救国军歌》《心头恨》《抗日先锋队》等，歌词都出于他之手。1935年以后，他参与组织中国歌曲作者协会和救亡演剧第一队，并参加了中华全国戏剧界抗敌协会、西北战地服务团。1938年，塞克到延安鲁迅艺术学院任教授，导演了话剧《九一八前后》《钦差大臣》。以后，他任延安青年艺术剧院院长、陕甘宁边区参议员、陕甘宁边区政府文化工作委员会委员。他还与冼星海共同创作了《生产运动大合唱》战斗歌曲。解放战争期间和中华人民共和国成立后，塞克先后担任热河省文联主任、全国文协佳木斯分会主任、辽北省政府教育厅副厅长兼辽北学院副院长、东北鲁迅文艺学院院长和东北人民艺术剧院院长。1953年后任中央实验歌剧院顾问，后改为中国歌剧舞剧院顾问。

　　窜作响地写了起来，只几分钟，基本旋律就出来了，紧接着这首二部合唱的第二部也出来了，而且他很快又为这首歌谱上了乐队伴奏。过了几天，百代公司邀请新华艺专的学生排练这首歌，由冼星海指挥，还灌制了唱片。没过几个月，这张唱片就风靡全国。随后，这首歌率先在《前奏》诗刊发表，紧接着全国各地很多音乐刊物和歌曲集都进行了转载，特别是群众的游行队伍中也唱起了《战歌》，足见这首歌在当时的影响。除此之外，冼星海还到很多歌咏团体去教唱这首歌。俯拾曾跟随冼星海去山海工学团教唱歌，这个工学团是著名教育家陶行知在上海郊区大场镇开办的一个穷苦儿童学校。他说，冼星海一边教唱，一边指挥，尽管只是一群小学生，而且没有任何乐器伴奏，但他教得很认真。

　　冼星海创作的另一首流行的救亡歌曲是《救国军歌》，这首歌是一次实地游行的产品。当时，冼星海参加了上海各校爱国学生联合组织的"扩大宣传团"，在游行的过程中宣传抗日。但是学生的爱国游行活动遭到了当局的镇压，诗人塞克临时写了一首词，表达一个有良心的中国人的心愿，并请冼星海谱上曲子。这首词不长，句法也很简练，冼星海读了两遍，和着当时混乱的场面和人们激愤的情绪，五六分钟就完成了。"枪口对外，齐步前进！不伤老百姓，不打自己人！我们是铁的队伍，我们是铁的心，维护中华民族，永作自由人。"简明的歌词，上口的旋律，在抗日战争一触即发的时刻，这首歌很快地流行起来。

　　除了写作救亡歌曲，冼星海还利用业余时间教一些青年学生唱歌，他和老母亲在法租界福覆里路的亭子间也成了歌曲作者协会定期聚会的场所。冯伊湄在自己回忆录里提到她和司徒乔去亭子间里找冼星海时的情景。当时冼星海正在指挥一群青年人唱《松花江上》，因为害怕军警破坏，小小的亭子间门窗紧闭，冼妈妈

司徒乔代表作之一《放下你的鞭子》

在门口放哨。冯伊湄写道："那压得低低的嗓音像巨石底下的暗流激湍，又像湿云背后闷雷轰鸣。冼星海那根指挥棍挥动每个人的心弦，他自己激动得额上青筋暴起，眼底生烟。乔坐在角落里画他们。"

冼星海在回忆这段时间的生活与创作时说：

> 我在此时接触了许多埋头苦干的人士，他们真心地为祖国的事业来献出全部力量，也看见了许多只顾出风头的人物，也看见表面热心实际压迫人的人物。我不断地写作，我得到许多同胞的帮助、鼓励和批评，也遭受过检查、限制和排斥。我以前所想的祖国那么天真简单，现在没有了。我有时也苦闷，但愉快的时候多。

> 我喜欢接近学生，尤其喜欢接近工人、农民。我在工人的歌咏队里教歌，也到大场乡下去教歌，他们对我的作品表示欢迎，我从他们的喜怒里，尤其劳动的呼喊、抗争里吸收新的力量到作品里来。自然，我对他们的了解还不够，我的作品也还浅薄、不深入。可是比起在巴黎的作品充实得多。在巴黎的作品，连作风也未确定，只不过是有印象派的作风和带上中国的风味罢了。而尤其觉得高兴的，是我的作品那时已找到了一条路，吸收被压迫人们的感情。对于如何用我的力量挽救祖国危亡的问题，是有把握了。我的作品已前进了一步。我的写作和实践初步地联系起来了。

　　不过，前面提到的那张收录了《战歌》，销量不断飙升的唱片很快因其内容受到当局的封禁，连底版都被没收打毁。从此以后，百代公司的老板不愿再收救亡歌曲了。百代公司是一家有着英商背景的唱片公司，在上海这个消费社会里，商人趋利无可厚非。百代当时愿意做救亡歌曲完全是因为救亡歌曲流行，销量大了便有利可图。冼星海的救亡歌曲不能录制，只好转作配音。但这种工作太耗时间，只能妨碍冼星海在创作上的发展，而那时，冼星海已经开始着手《"民族解放"交响乐》的创作了，这是他在法国留学时就已有的心愿。另外，冼星海觉得百代公司对他特别苛刻，有些技术不如他的职员薪水比他多七八倍，而且某些同事对他的态度很是颐指气使，令他反感。所以不久，他就辞职了。

　　其实，不止英商背景的公司对冼星海十分苛刻。当时在上海的外国人大都对中国人颇不以为然。国家不强大，它的子民自然受人欺侮。1936年初，冼星海曾带着杜卡教授的介绍信函和自己的作品来到上海工部局管弦乐队，希望这支乐队能演奏自己的作品，并且由他亲自指挥。这支乐队的指挥是意大利籍的音乐家马里奥·帕契（Mario Paci），他也是杜卡的学生，是冼星海的学长。有了这份同学之谊和杜卡教授的亲笔信，帕契不好拒绝。但是这个决定在乐队里引起了轩然大波，这支由意大利和白俄罗斯人组成的乐队怀着深刻的种族偏见，无法接受一个中国人的指挥。所以几天之后，当冼星海在著名作曲家阿夫夏洛穆夫的陪同下到工部局管弦乐队排练时便遇到了意大利籍首席小提琴手富华的挑衅，

> 历史文化知识 <

〔上海工部局〕

上海工部局是当时外国人统治上海租界区的政府部门。上海工部局乐队成立于1881年，最初只是一个管乐队，到1923年才在意大利音乐家马里奥·帕契（Mario Paci）的领导下充实阵容，改为一个具有一定水平的管弦乐队。这个乐队的队员开始完全是外国人，服务的对象主要也是留居上海的外国侨民。到20世纪30年代前后，他们才逐渐吸收一些中国的音乐家参加乐队的演奏，参与乐队的领导以及开始演奏极少数中国作品。

他有意不按照冼星海的手势演奏，并且说艺术家是自由的，不应该被要求得太多。而他的挑衅也得到了乐队其他成员的附和，他们俨然把冼星海的指挥当作一场闹剧。阿夫夏洛穆夫有些看不下去，但也无可奈何，后来他只好安慰冼星海："不要灰心，音乐家的生命和事业不是一次表演可以决定的，你好好努力，两年后，当你更了解中国的情形，你就可以成为中国第一个作曲家"。这虽然是句简单的安慰，但是此后却一直成为冼星海工作的动力。

当时，冼星海已经意识到，虽然他写的救亡歌曲非常流行，但是单纯创作救亡歌曲并不能充分发挥他的能力和所学的技巧，因此他计划写较大的器乐作品。中国当时被外敌入

> 历史文化知识 <

〔阿夫夏洛穆夫〕

阿夫夏洛穆夫是一位俄罗斯籍的音乐家，喜爱中国的音乐和戏曲。他在20世纪20年代末曾在平津一带学习和研究中国音乐，后来长期居留上海。曾担任过上海工部局管弦乐队图书馆馆长，同时也继续从事有关中国音乐的研究和创作。他的主要作品有管弦乐组曲《北京胡同》、歌剧《孟姜女》等。

侵的窘境，中国民众的抗敌热情以及冼星海个人的被侮辱和被损害经历促使他选择民族解放运动作为这首大型器乐曲的题材。《民族解放交响曲》的草稿从1935年7月开始创作，共四章六段，直至1936年秋天才基本完成。当时的草稿只有钢琴部分，到1937年春开始写总谱。这部交响乐是冼星海的创作理想，所以不论走到哪他一直把这部作品带在身边，从上海到武汉再到延安和莫斯科，直到1941年春天最终完成。冼星海的坚持不辍终于使这部作品成为中国第一首民族交响乐。

二、华北采风

冼星海在百代公司每月有一百元的月薪收入，但是上海的开销大，冼星海还要侍奉老母，所以常常是"月光一族"，没有什么积蓄。离开百代公司之后，他的生活更为清苦了。所幸的是通过朋友介绍，冼星海常常能给影片写歌贴补家用。救亡歌曲的走红使冼星海成了当时上海炙手可热的音乐人，他的歌有时一首就能得一百多元。不过冼星海为人豪爽，有了点钱也常常帮助些穷朋友，就像当年在法国，辛辛苦苦地赚几个硬币都会去接济比他更困难的留学生。

冼星海对左翼音乐家们提出的新音乐运动非常热心，他应当时救亡歌咏运动者的要求，义务给他们那些干部教作曲和指挥，也常常到社会各界的歌咏队里去教唱歌。这些歌咏队主要有吕骥主持的"上海业余合唱团"、周巍峙主持

〉历史文化知识〈

〔麦 新〕

麦新（1914-1947），上海人。1935年起投身救亡歌咏运动，并创作救亡歌曲及歌词。代表作有《大刀进行曲》《游击队歌》《行军歌》等。1940年转至延安，进入"鲁艺"。1947年在战斗中牺牲。

的"新生合唱团"、麦新主持的"立信音乐研究会"，等等。他在这些业余团体里的工作为抗日救亡运动培养了不少音乐干部，孙慎、麦新、瞿维等人都是当时冼星海培养出来的。孙慎是上海业余合唱团的成员，他和麦新一起跟冼星海学指挥。孙慎回忆当时的学习情景时说：他们"时常在晚上约定的时间跑到他家里去。就在放钢琴的客室里，我们面前放着一个谱架，手里拿着指挥棒，对着他和别的人的面，我们就两手挥动起来，仿佛前面正有一个庞大的合唱队受着我们的指挥。这种一本正经的样子，现在想了起来，还是要哑然失笑的。他从不在中间打断我们的情绪，遇有姿势不佳或错误，他总在指挥终了时，扼要地说几点，有时他自己指挥给我们看"。

离开百代后不久，新华影业公司聘请冼星海做了音乐部的主任。（新华影业公司于1934年由张善琨筹建，成立于上海）1936年夏，反映民族矛盾的救亡影片《壮志凌云》开始筹备，冼星海担任其中的配乐和作曲。

孙慎照片

〉历史文化知识〈

〔孙　慎〕

　　孙慎，原名孙立成，曾用名孙家模、孙学毅。浙江镇海人，著名作曲家、音乐活动家，1935年加入中国左翼作家联盟，与吕骥、周钢鸣等人一起从事上海的群众救亡歌咏活动，并且是业余合唱团、歌曲研究会等组织的重要成员之一。抗日战争期间先后在四战区战地服务队、军委政治部抗敌演剧队做音乐工作。1945年起担任昆明新中国剧社音乐指挥。1946年春，赴广州与力丁、联抗一起主编《新音乐》月刊（华南版）。同年，与李凌共同主持上海中华音乐学院的工作，并且任上海《时代日报》副刊《新音乐》的主编。新中国成立后，参与了《歌曲》月刊的创刊工作，并任《歌曲》月刊主编、音乐出版社总编辑、《人民音乐》月刊主编。1953年起历任文化部艺术局音乐处处长、人民音乐出版社社长，1953年开始长期任中国音乐家协会副秘书长、秘书长、副主席、书记处书记等职。主要作品有歌曲《救亡进行曲》《大家看》《前进》《摇篮歌》《缉私歌》《游击歌》《春耕歌》《募寒衣》《讨汪歌》《模范游击队》，儿童歌曲《我们是民族小英豪》《向太阳》《我们反对这个》《民主是哪样》等。

　　在冼星海回国之前，这类描写劳苦人民的抗争以及抗日救亡的影片的配乐和插曲工作多由聂耳完成，比如上海电通影片公司出品的《桃花劫》之主题歌《毕业歌》、上海联华二厂拍摄的《大路》之主题歌《大路歌》和序曲《开路先锋》、电影《新女性》组歌、上海艺华影业公司拍摄的《逃亡》主题歌《逃亡曲》以及电通

聂耳雕像

> 历史文化知识 <

〔聂　耳〕

　　聂耳（1912—1935年），云南玉溪人。是中国现代音乐发展史上里程碑式的人物。他的音乐善于概括当时劳苦人民在革命斗争中的呻吟、愤怒和呐喊，从而形成自己独具个性的坚强、有力、短促的旋律和节奏。他不仅在创作的方向和方法上是一位革命者，而且在艺术形象和艺术形式的创造上也是一位革新者。他的音乐是文艺大众化、音乐为人民以及创造新的民族音乐等理论问题的具体实践，是左翼音乐运动和人民大众的革命音乐的开拓者和奠基人。聂耳的《义勇军进行曲》在中华人民共和国成立后被定为国歌。

公司拍摄的《风云儿女》主题歌等。聂耳去世后，很多左翼音乐人士都将冼星海看作是聂耳的接班人。

　　《壮志凌云》描写的是军阀混战时期，黄河流域的农民在军阀的铁蹄和自然灾难的逼迫打击下，背井离乡流亡关外，艰辛过活。好容易等到家园重建，儿孙成人，却遭遇了"九一八"的烽火。当日寇的欺凌再次降临到他们身上时，这些贫苦农民的心中燃起了愤怒的火焰，并且终于成为燎原的星火，投身到抗日救亡的滚滚洪流中。冼星海生长在南国水乡，没有接触过华北农村的生活，最初试作插曲《拉犁歌》时只是由几个北方朋友提供了些劳动号子做参照，所以听起来总觉得水乡情调太重，缺少一种北方平原的浑厚气氛。这一年秋天，这部影片的摄影吴永刚正好要到河南郑州一带拍外景，便建议冼星海同去，这样不仅能够让他有机会接触北方的农村生活、黄河流域平原一带的自然环境和风土人情，弥补他创作中所缺乏的平原气概，也能丰富他个人的生活面，有益于日后的创作。冼星海欣然接受了这个建议。

事实证明，这次华北采风不仅让他完成了《拉犁歌》的创作，更积累了他的创作素材，使这位"南国箫手"最终写出了雄壮浑厚的不朽乐章《黄河大合唱》。

当时的电影工作者中尚没有"体验生活"这样的说法，配乐人员随外景队出发在电影厂里也无此先例，不过，虽然如此，影业公司的老板并没有拒绝这个要求。外景队在郑州一带工作了一个多月，冼星海得到了创作的一切便利条件，他可以自由支取费用，也可以自由安排自己的行程。这段时间里，他忙着资料的收集工作。去赶集赴庙会，听民间艺人的演唱；去黄河沿岸的渡口上，听船夫的号子；他还喜欢站在黄河的大堤上，听黄河奔涌不息的浪涛声。

这一个多月里冼星海看到和听到了多少故事，我们不得而知，但是可以肯定的是《黄河大合唱》中的许多旋律取材于这次采风。借助《黄河大合唱》，冼星海的传记作者们重新演绎了这段黄河岸边的生活。在徐星平讲的故事里，冼星海遇到了从东北逃难而来的老人，老人的儿子被日本人杀了，儿媳被日本人糟蹋后也自尽了，他独自带着不满周岁的孙女乞讨为生，一路上还要遭受警察的驱赶。在马可的讲述中，冼星海在刚刚经历水灾的村子里遇到一个正在犁地的母亲，她有八个女儿，一家人都靠榆树皮和观音土过活，包括不满周岁的幼女，长女第二天就要被卖到城里做小，贫弱的母亲别无选择。其实，不管是哪种叙述都注重阶级压迫或者民族压迫给冼星海的触动，为他从一个法国印象派的作曲家向"为人民而歌"的音乐家的转变做铺垫。

　　《拉犁歌》在黄河采风之后顺利完成，它虽然只是电影的一首配乐，但其影响力也在日后显现出来。新中国成立后北京电影制片厂拍摄的纪录片《伟大的土地改革》的配乐便引用了《拉犁歌》的片断旋律。而吴永刚后来回忆这段华北生活对冼星海创作的影响时更说："在这个期间里他的收获，并不一定完全体现在《拉犁歌》里面。今天来追忆20年来的往事，或许这是它体现在往后的作品里的一个起点，他是一个南国水乡里劳动人民的儿子，以他热爱劳动、热爱生活的感情，所以在当时就孕育着一个创作上的冲动，而在日后的革命斗争生活当中不断地成长，成长为今天不朽的巨作《黄河大合唱》。"

三、演剧队里的骨干

　　由于抗日救亡运动的宣传受阻，新华影业公司决定不再拍救亡影片而改做通俗的娱乐片了，但是为《新毛毛雨》这样的电影写歌却是冼星海无法接受的。冼星海曾经回忆说："这些歌曲写作的时候，已经是救国运动受到阻碍的时候（指写作《拉犁歌》《潇湘夜雨》等的时候，笔者注），所以多是弯弯曲曲地说出心里话。我这时作曲只能寄怒号于悲鸣。但是新华影业公司的老板渐渐投机了，他专门要收古装片，迎合低级趣味。他们要弄《新毛毛雨》，我是不能答应的。他就慢慢摆出老板的面孔强要我作《新毛毛雨》之类。他当我不知道我的曲的价值。他以为一百五十元的月薪就可把我全部的创作力买下来了。但是我是知道我的曲每个可卖出一百多元的。我知道他的算盘只要我一个月给他做三个曲，他就赚我二三百元。对于我，这当然还不在乎，最重要的，我从事音乐事业不是为了做买卖。我宁可穷困，宁可分文

不计地为社会服务。"很快，他又辞去了新华影业公司的职务。

辞职之后，冼星海仍在上海文化界、话剧界和音乐界里为左翼人士配曲、配音、教唱歌。他以前曾写过话剧《复活》的插曲《茫茫的西伯利亚》和《莫提起》，如今又写了《太平天国》的插曲《炭夫曲》和《打江山》，还有《日

冼星海（左三）与"演剧二队"其他人员出发前在上海合影

出》里的《打桩歌》。另外写了《没有祖国的孩子》《旱灾歌》和《鲁迅追悼歌》，等等。又为《大雷雨》全部配了音，写了插曲。虽然当时冼星海已经辞职，没有固定的收入，虽然他当时创作的市场价格已达到一首歌超过一百元，但这些作品冼星海都分文未取。

1937年8月13日日军进攻上海，中国军队奋起抵抗，全民抗战进一步全面爆发。冼星海参加了洪深领导的"上海话剧界救亡协会战时移动演剧第二队"，辗转内地进行抗日宣传。这个演剧队于8月20日从徐家汇出发，临行前，郭沫若为表示鼓励手书了演剧队的徽号送行。演剧队共十四人，分别是队长洪深，副队长金山，队员田方、王莹、冼星海、欧阳斐利、白露、张季纯、金子兼、邹雷、贺路、塞声、田烈和黄治。一路上日本的战机都在头顶盘旋，虽然没有投弹，也足以令人胆寒。

演剧队一路从徐家汇到青浦，再经苏州到南京。十四人分工明确，洪深总体负责，金山为总务，王莹、张季纯、白露负责通信，剧务和行李也都有专人负责。到达南京后，演剧队与阳翰笙取得了联系，布置了具体的行程。因为日本的飞机时时光顾，不能进行正常的工作，冼星海便利用这个时间筹划《民族解放交响乐》。南京的空防尚好，日本的战机捡不到多少便宜，而中国的军民更在空军英勇抗敌精神的感召下同仇敌忾。此时深受鼓舞的冼星海在给友人、东吴大学的钢琴教师盛建颐的信中写道："我觉悟到自己不但以为是一个音乐作曲者就罢了，我们得要懂得时代的动向，更要会利用自己的艺术去领导民众抗敌，才成为有效的艺术。我们更要用深刻的音调来描写抗敌，来歌颂神圣的保卫国土的战争。我们要用歌声传遍都市和农村，鼓励他们忠诚抗战，用那雄壮的歌声遮盖他们的炮声！"

8月27日，演剧队正式从南京出发，第一站是徐州。在徐州，冼星海指导了一百二十人的合唱，并且在其中培训了一些音乐干部，希望将来这些骨干力量能够在各个基层组织里发挥作用。演剧队还集体创作了十多幕的活报剧《保卫祖国》和四幕话剧《米》，一共公演了四次，都收到了良好的效果。其中在东贺村公演时，驻地的七十八师共三千多官兵都来观看，他们的表演鼓舞了将士们的士气。除此之外，演剧队也同时宣传一些防空和防毒的常识，帮助市民们自救。就在演剧队准备离开徐州前往开封时，日军轰炸了徐州，死伤的平

冼星海指挥合唱

民有十多人。徐州城天天戒备，演剧队在万分紧张的空气中上演《保卫祖国》《保卫卢沟桥》和《九一八以后》，即便头顶上盘旋着空袭的警报，到场看演出的群众仍有一百多位，这给演剧队以极大的鼓舞。

演剧队到开封后，演了四天戏，开过一次救亡歌咏的音乐会，每天前来观看的群众都有一千多人，演员们情绪饱

满，嗓子都唱哑了，观众们也热情高涨，不断地高呼抗日救亡的口号。音乐会后，开封的救亡歌咏运动就此展开。

河南大学的学生们自愿组成了歌咏队，冼星海给他们教了《青年进行曲》《保卫卢沟桥》和《热血》，并为歌咏队组织了歌咏干部。演剧队离开开封时，一百多名歌咏队的队员都到车站去送行，可见演剧队在学生们心目中的位置。

演剧队的下一站是洛阳。在洛阳，冼星海不仅去洛阳师范学校教学生们唱歌，也去驻地的一六六师教士兵们唱歌。演剧队不仅在街头演，在学校演，也在政府机关里演。为了纪念"九一八"，1937年9月19日在演剧队的筹划下，洛阳举行了盛况空前的救亡歌咏大会，参加的团体除了演剧队还有各个学校的歌咏团体和一六六师的士兵。音乐会总共三场，场场爆满。在全民抗战的气氛里，抗日救亡已经成为全民族共同的任务。

除了教唱歌、演剧之外，为了进一步推广救亡歌咏，冼星海在这段时间还写了《救亡歌咏在洛阳》《救亡音乐在抗战中的任务》等几篇短文，以说明音乐在宣传抗日救亡中的作用。他写道：

> 救亡歌咏是后方重要工作之一，和文字宣传、演戏宣传一样重要，一样能唤起民众抗敌的情绪。
>
> 救亡歌曲的效果或许比文字和喜剧更重要也未可知，因为这种歌声能使我们全部的官能被感动，而且可以强烈地激发每个听众最高的情感。

中华民族在现今的处境，正是在一个谋解放的挣扎期间。救亡歌曲正是为了需要而产生的时代性艺术，是负有建设大众国防的责任的，它的呼声愈强大，影响也就愈大；换言之，它就是我们民族的唯一精神安慰者，更可以说是我们的国魂。所以一个被压迫的民族缺少不了救亡的歌咏。（《救亡歌咏在洛阳》）

中国近年来的救亡歌咏运动随着时代迫切的需要而开展了。它具有伟大雄厚的力量，这力量不特可以慰藉前方英勇的战士，同时也可以巩固后方民众的团结。

为着给侵略者以一个迎头猛击，因此，在抗战期中，一切文化部门都积极地、战斗地负起了抗日的伟大任务。自然，救亡音乐在抗战的文化阵线里是一道铁的支流，它是较戏剧、图画更直接、更有效的，原因是它能普遍地让民众较其他的艺术更容易接受。

救亡音乐在抗战中的任务，不仅要像其他的文化艺术一样，组织民众和激发民众的抗敌力量，而且更要有目的地唤起不愿做奴隶者的内在的斗争热情——包括全世界的，连我们的唯一敌人日本帝国主义统治下的人民也在内。此外，我们更要借着我们的怒吼，使敌国人民了解侵略者的无耻、卑鄙，使他们自动地发动对帝国主义的军阀作一个无情的清算！

同胞们：这是我们争自由的日子！我们要利用救亡音乐像一件锐利的武器一样的在斗争中完成民族解放的伟大任务。（《救亡音乐在抗战中的任务》）

　　演剧队从洛阳出发，到了郑州，停留数日后于10月3日抵达汉口。汉口是演剧队第一次"移动"宣传的终点，他们计划在这里休整之后，开始第二次"移动"，不过因为时势的变化，第二次未能成行。在汉口，演剧队的工作也是一样，组织学生歌咏队，教唱救亡歌曲以及给社会各界人士演活报剧。冼星海日记中描述最详细，给他触动最深的是他们去石灰窑矿区演出，在那里目睹矿工的生活。他写道："当我亲自到那个地方看见他们的生活的时候，我感觉到两个阶级的差别，尤其资本家对工人的压迫。铁矿工人每天一大早开始工作，每吨铁连拉带运只有二毛。每天最多工作三吨。每隔一天就得休息，工钱很少，但也得靠它过活，而且常常发生很多危险。煤矿工人从早上五时到晚上五时，每天十二个钟头在黑漆的煤穴里，工钱也是很微，也许比铁矿工人更苦，更危险。他们在煤矿里工作时都是裸体的，空气非常坏，饮食都很粗，我眼见他们每人每餐一块小小的豆腐，两碗很粗的饭，这一来安得不影响他们的身体和工作呢？所以每个工人的营养真十分差，好像和那资本家要分别出界线一样！"当时的冼星海还没有成为一名被马克思主义理论武装的共产主义战士，他对被压迫被损害者怀有的是普遍的同情。其实当时有许多仁人志士都和冼星海一样，并非一开始就接受了共产主义思想，只是外族侵略、当局腐败、民众生活困苦的现实环境让他们转向了马克思主义。

　　为了配合全民抗战的需要，消除门户之见，1937年12

月31日"中华全国戏剧界抗敌协会"在武汉成立，它的成立意味着此前在戏剧界产生很大影响的左翼戏剧家联盟退出了历史的舞台。1938年1月17日，在党的号召和具体指导下，由冼星海、张曙等筹建的全国性歌咏组织"中华全国歌咏协会"也在武汉举办了成立大会。全国性的抗日救亡运动开展得如火如荼，而这些文艺界的民间组织为宣传抗日最大限度地发挥它们的作用。

1938年初，旧历新年还没到，演剧队又分成两个小组，分别在武汉三镇以及附近的乡村开展起抗日救亡的宣传活动来，而此时的演剧队也补充了不少有志于抗日宣传的歌咏人才，包括一度令冼星海饱尝失恋痛苦的刘坚励。

刘坚励性格开朗活泼、聪明伶俐，在演剧队里非常活跃。她声音嘹亮而且表情亲切，常常能吸引很多小孩子跟她学唱歌。但是她对冼星海的示爱犹豫不决，常令冼星海愁苦不堪。冼星海在1938年初的日记里记载了他这种备受情感折磨的心情：

> 听着她的声音总感到她是一位很聪明的，很能够引人的女士！她给我印象很深——可是她又常常的像不睬我的样子。有时我很气愤，可是不到几个钟头，我的气愤又消去了！我总是爱听她的尖利的声音，看她聪明的、闪烁的眼睛，有时我觉得她不大睬我时，我便也不愿意睬她。结果我回到家里难过，我总是因为难过而去入睡或以作曲来寻求安慰。但过了一会，再遇到她在我

身旁的时候，我一切烦恼都消除了，我便很和气地和她接谈。我觉得她是可爱的……我愿常常听她的声音——她充满光明和希望，或许对一位迷醉在音乐环境里的我，更是需要。有一天我告诉她，我从小就没有父亲，我家里又并不富裕，我能达到留学和大学的教育都是自己努力；我还有一位极可爱的母亲，可以使我不断地努力而忘却烦恼。但我告诉她，我更需要一位女性时常来慰藉我，我希望她能够。她能给我……可是她又常感到我有点笨的性情，但我真不了解，或许我一向是这样的性情？我在平时真连一个很平常的小女孩都不大会应付，又何况她这位聪明伶俐的人呢！——但我爱她，无论怎样……希望我的热情不因为爱情而怠慢了工作。反之因为有了真正的爱情更应努力加倍工作，达到互相勉励的地步，彼此是快乐而无痛苦的。假如爱情是虚伪的，我宁愿没有爱情，而愿意把我一生的精力交给伟大的音乐。恐怕我因为是一个"人"，而不能脱离"人"的环境和需要！

冼星海沉浸在这种似有似无的爱情里，他为刘坚励写歌，喜欢听她一句一句地唱这些歌，喜欢和她一起在雪中散步谈天。但同时他又对自己这种精神状态非常不满，特别是当刘坚励对他冷淡时。他觉得许多革命青年甘愿流血牺牲去拯救那垂亡的祖国，而他却好像在进行着一种恋爱生活，并常常以这些小伤悲来使自己烦恼，他会在日记里反省自己：

"假如我还觉悟的话，我应该想到自己的现时责任和将来的前途。回想我多年的奋斗生活，我的经验的一切履历，或许可以使我觉悟恋爱的空虚和一切的不真实。我悔恨自己，我要唾骂自己！"

革命和恋爱原本并不矛盾。一位学者在分析文学作品中"革命"主题与"爱情"主题的结合时说"文学里的所谓'革命'，无非就是一种眼光，一种思想观念。它在那个时代表现为对既成社会秩序的不满，需要以暴力来推翻这种社会秩序以建设理想社会。举凡'压迫''剥削''黑暗''下层人民的痛苦和不幸'，都是包含在'革命'这个概念里的主要内容。而性爱题材与这些内容并无不相容之处。'革命'走进文学中来恰恰依赖了恋爱题材本身所具有的浪漫和反抗特征。人类的恋情总有浪漫激情的一面，而浪漫激情所映照的总是世俗的残缺不圆满。任何时代的恋情故事一定会涉及浪漫激情的一面和现实不圆满的一面"。

文学是现实生活的反映，这段话讲的虽然是文学，却多少也能展现出现实生活中革命与爱情的联系。"五四"时期青年人追求个性解放的思想革命就是从反对包办婚姻追求自由爱情的家庭革命开始的。在20世纪20年代末，著名的左翼作家蒋光慈更是创造出"革命+恋爱"的畅销书模式，吸引很多青年人走上了革命道路。我们熟悉的文学大师茅盾和巴金也都是以爱情故事表达革命主题的集大成者。可是到了抗日战争全面爆发的时候，已经很少有作家再去描写革命加恋爱的故事了，包括冼星海在内的众多投身抗日救亡运动的

志士仁人也普遍认为大敌当前，人们应该全力抵抗外族的入侵，而不应该执着于个人的情感生活。在他们看来，爱情是个人的事，一己的悲欢离合应该首先让位于民族大义。

不过"人非草木，孰能无情"，纵然冼星海有很多工作要做，有很多歌要写，刘坚励的一举一动还是令他忽喜忽忧，寝食难安。好在这段折磨人的感情终于在1938年的5月告终了，前后持续不过半年。

国共两党合作抗日的协议签署之后在武汉设置了一个

〉历史文化知识〈

〔阳翰笙〕

　　阳翰笙（1902—1993年），原名欧阳本义，四川高县人，1930年参与发起左联，先后任左联党团书记、左翼文化总同盟书记、中共中央文化工作委员会委员等职，并创办中共在上海的主要出版机构湖风书店和左联机关刊物《文学月报》，和李一氓共同编辑《流沙》，主编《日出旬刊》《社会科学丛书》等刊物，发表《社会科学概论》《唯物史观研究》等著作，创作《地泉三部曲》《两个女性》《义勇军》等20多部中长篇小说、话剧和电影剧本。1935年2月被捕入狱。1937年7月，全面抗日战争爆发，因国共第二次合作获释。1937年9月，从南京到武汉，筹组文学艺术界各个抗敌协会，被选为中华全国文学艺术界抗敌协会、中华全国戏剧界抗敌协会等团体领导成员；协助郭沫若筹建国民政府军事委员会政治部第三厅，任政治部设计委员兼第三厅主任秘书、文化工作委员会副主任。1941年和1943年国民党发动第二次和第三次反共高潮，在重庆组织中华剧艺社，团结广大文艺工作者，揭露国民党破坏团结、发动内战的种种罪行。在此期间，完成了《八百壮士》《李秀成之死》《塞上风云》等7部大型话剧和电影剧本的创作。1946年从重庆回到上海，参与组织上海联华影艺社、昆仑影业公司，任公司编导委员会主任。团结文艺界同志，和沈浮一起创作了《万家灯火》，对国统区社会问题作了揭露，创作电影剧本《三毛流浪记》，描述新中国成立前流浪儿的悲惨遭遇。1949年初到北京，参加全国文学艺术工作者第一次代表大会，当选为中国文联常委、第一届全国电影艺术工作者协会主席。新中国成立后，先后担任政务院文教委员会委员兼副秘书长，周恩来办公室副主任，中国人民对外文化协会副会长，中国文联副主席、秘书长和党组书记等职。曾任第一、二、三届全国政协委员，第五、六届全国政协常委。创作话剧《三人行》、电影《北国江南》等剧本。

政治工作部门，全称为"国民政府军事委员会政治部"，两党的代表陈诚和周恩来分别任正副部长。1938年4月成立了主管抗战宣传工作的"第三厅"及其下属机构，郭沫若任厅长。冼星海和张曙同在田汉任处长的"第六处"的戏剧音乐科从事抗战音乐工作。当时"第三厅"汇集了许多文艺界的知名人士，包括洪深、阳翰笙、徐悲鸿、臧克家等人。

　　"第三厅"初创的时候工作非常繁忙，白天冼星海忙于各项组织和宣传工作，晚上则忙着到各个歌咏队去义务教唱歌。当时影响颇大的海星歌咏队便是冼星海于1937年10月至1938年10月亲自组织并指导的抗战歌咏团体。这段时间，冼星海的创作力也很蓬勃，先后写了《保

阳翰笙照片

卫武汉》《五一工人歌》《新中国》《祖国的孩子们》《游击军》《华北农民歌》《当兵歌》《我们的队伍向前走》，等等。这些歌曲多是急就章，时效性很强，唱过便罢了。由于创作酝酿期短，也很少有机会斟酌修改，所以不免粗糙。

　　不过，"第三厅"的工作很快就陷入了停滞。政治部是国共两党协议抗战的合作产物，但两党之间并非完全能够放下成见，精诚协作。作为当时国际上承认的中国地区唯一

67

合法政府的执政党，国民党非常担心共产党借抗日之际发展自己的力量，也很想借合作的机会削弱共产党，所以由共产党领导的"第三厅"的工作时时受制于国民党领导的"第二厅"，因为"第二厅"常以主管民众组织为由限制和阻挠"第三厅"的活动。对此，冼星海表露了他的不满的情绪。在《我学习音乐的经过》中他写道：

  ……外面组织的好几十个歌咏团体遭合并为一个队，又把这个队的干部分到各团体中去，这个队就领导不起来了。那些干部被分配到各团体之后，因受种种限制，不能开展工作。有些则灰了心，有个别的竟堕落了——他们受物质享受的引诱，对工作消极。还有在歌曲方面，审查、改削、限制、禁止等更严格，作曲作词的都无法发挥能力。我渐渐感到无事可做。在厅里，除了晚上教教歌，白天只坐在办公厅里无聊。一种苦闷的感觉愈升愈高。同事们也和我有同感。他们编了一首打油诗说："报报到，说说笑，看看报，胡闹胡闹，睡睡觉。"有一个胖子，每天下午必瞌睡，呼噜呼噜的鼾声震动好几间房子，我们都笑起来。这样的生活，还有什么抗战的气味呢？

  还有令人更不快的事情，外面那几十个团体被解散后，另一些团体莫名其妙地成立起来了。他们不欢迎我和从前那些团体的干部到他们团体里去，不唱我的歌及许多救亡歌，并把我当作排斥的目标，这显然是闹宗派意见。我无成见，也不是为了争风头，总希望大家谅解，消除误会。但我的努力都得不到结果。他们以后把电影界、音乐方面完全包办了。

冼星海的这篇长文写于1940年3月，此时他已身在延安，任鲁迅艺术学院音乐系主任，并且加入了中国共产党。不过这篇文章提到的"宗派之见"以及在"第三厅"不愉快的工作经历在他1938年的日记中只是偶有涉及，那段时间日记本里的主角是钱韵玲，冼星海日后的妻子。

钱韵玲是上海新华艺专的学生，后来加入了冼星海指导的歌咏队，冼星海当时正承受着与刘坚励若即若离的情感纠葛，并没有太注意这个女生。1938年2月27日，著名社会科学家、第八集团军战地服务队队长钱亦石先生的追悼会在汉口举行。这个追悼会是由周恩来、董必武、叶剑英、郭沫若、茅盾、田汉等人发起的。冼星海作《钱亦石先生追悼歌》（施谊词），当天早上钱韵玲来取挽歌，之后两人才熟悉起来。当时钱韵玲在武汉市第六小学和第三小学任音乐教师，在日后的不断接触中，冼星海觉得她是个单纯、安静、心地善良的女孩，并爱上了她。

冼星海日记中很多抒情的篇章是记载他与钱韵玲的交往的。这段时间他的日记里写道：

> 我回到自己睡的地方感觉到很愉快，人生的最愉快的时候恐怕就是这样子吧，何况东湖的水又清又朗，

谈话的都是很高雅的趣事！——韵玲是沉静得像月亮一般秀丽，黄冰却天真到像一个小女孩，我内心跳动得非常厉害，我尊敬她们，我也不敢乱讲话！不知怎样，我这一月来都有韵玲的印象，而且是很深刻地印在我脑袋里！我喜欢她的沉静，又喜欢她的嬉笑，她的幽默，她圆圆的大眼睛和修长的黑发——但可怜我始终是一个炭头，还是一个不大理解爱的傻瓜。（1938年5月17日）

这几天都是跟他们出外游玩，我感到家庭的乐趣，我感到我有了慰藉！虽然我每天晚上都很晚从"六小"（钱韵玲工作的单位，引者注）回来，虽然我身体有时也很疲劳！偶然想到她给我一种慰藉，我就自然地快乐起来。（1938年6月7日）

八时半到"六小"找韵玲，我们约好在江边谈话，我们站在江边谈很久，慢慢地跑，讨论我们俩的将来和事业的发展。江水虽然没有动荡，天上的星也没有一颗，可是我们的呼吸声，我们的两双眼睛都像江湖的奔腾和明星的闪耀一般！（1938年6月24日）

她带着微笑，她带着温柔和可爱。她可以使我更加向上的努力，可以使我了解真正的爱，了解做人，明了自己弱点！……我在想，她是对我忠实的，我对她也忠实。我不会由爱她而使她失望，而使我公事怠慢！（1938年7月5日）

他们俩的爱情故事并没有太多的波澜，和现在的许多青年人恋爱一样，他们白天各忙各的，在一起的时候看看电影、吃吃饭、会会朋友、聊聊天。钱韵玲也是学音乐的，所以他们之间有很多共同的话题。冼星海常能在音乐方面给她很多帮助和指导，钱韵玲对冼星海也怀有一份特别的敬重与爱。他们的感情发展很稳定，并于1938年7月20日订了婚。订婚仪式由安娥主持，田汉等人作陪。

冼星海将这份温暖的爱情化作自己工作的动力。钱韵玲的哥哥钱远铎也是冼星海的朋友和"第三厅"的同事兼室友。钱远铎回忆冼星海那段时间的工作时说：

"三厅正式成立之后，工作非常忙，每天工作十小时，没有星期天。星海更忙，他除了在科内搞日常工作外，下班后还要到武汉三镇许多歌咏团体教歌。他的一个记事本里记了许多歌咏团体的名字和去教歌的时间、地址，有几十个之

> 历史文化知识 <

〔安　娥〕

安娥（1905—1976年），原名张式沅，曾用名何平、张菊生，河北获鹿人。1925年肄业于国立北京艺术专门学校，同年加入中国共产主义青年团，随即加入中国共产党。1927年赴莫斯科中山大学学习。1929年回国，在上海中共中央特别行动科工作，并开始诗歌创作。1932年，因中共机关遭破坏，安娥与党组织失去联系。1933年至1937年在上海参加进步文艺运动，曾任百代唱片公司歌曲部主任。全面抗日战争期间，安娥任战地记者，随丈夫田汉辗转武汉、重庆、桂林、昆明等地。抗日战争胜利后回上海，1946起在上海市实验戏剧学校执教。1948年赴解放区，次年重新加入中国共产党。新中国成立后，安娥先后在北京人民艺术剧院、中央实验歌剧院任创作员。1956年因病失去工作能力。主要作品有诗集《燕赵儿女》，诗剧《高粱红了》《洪波曲》《战地之春》等，儿童剧《假姥姥》《海石花》，戏曲剧本《情探》（与田汉合作），歌词《卖报歌》《渔光曲》《三个姑娘》《节日的晚上》等。

田汉与安娥

多。到现在我还能记得的有：汉口海星歌咏队、上海'八·一三'歌咏队、平津流亡学生组织的华北歌咏队、上海蚂蚁剧社、孩子剧团、新安旅行团以及一些学校、工厂和救亡团体组织的歌咏团队，等等。星海对工作非常严肃认真、一丝不苟。他到教歌的团体去很遵守时间，从不迟到、早退，更不无故缺席。有时早、中、晚都出去教歌，经常忘了吃饭。每天夜里，星海是三厅同志中最晚回宿舍的一个。那时夜班轮渡最晚一般是半夜十一时半，星海总是最后一班的乘客，回到三厅，差不多是转钟了。可是第二天早上五点钟，他又精神勃勃起床，投入新的工作。"

而令钱远铎印象最深的是1938年7月7日由"第三厅"组织的抗战周年纪念活动。那次纪念活动包括从7月6日起，连续三天的献金运动、7日晚上的火炬大游行和救亡歌咏大会。分布在武汉三镇的八座献金台是最生动热闹的群众集会地，人们争先恐后地献出各种珍贵的东西支援抗日运动。冼星海和张曙则是群众歌咏活动的组织者，他们为了组织近十万群众的大游行付出了忘我的劳动。那天几十支歌咏队的骨干们在冼星海和张曙的安排下分赴各个群众集中的地方教唱救亡歌曲。钱远铎回忆说："江上数百只木船，坐满了手持火把的青年群众，排列十来里长；马路上行进着游行队伍，也手持火把高歌猛进。霎时，江中、岸上火光相映，歌声相连，此情此景，虽时隔四十余年，仍记忆犹新。"

与此同时，冼星海的创作也并没有停止。他在"第三厅"工作时最值一提的，也是一直传唱至今的革命经典歌曲是《在太行山上》。这首歌的词作者是桂涛声，写成之后在汉口抗战纪念宣传周歌咏大会上由张曙、林路、赵启海等演唱。一经唱出便迅速在全国流行起来。"红日照遍了东方，自由之神在纵情歌唱！看吧！千山万壑，铜壁铁墙，抗日的烽火，燃烧在太行山上。……听吧！母亲叫儿打东洋，妻子送郎上战场。我们在太行山上，我们在太行山上，山高林又密，兵强马又壮。敌人从哪里进攻，我们就要他在哪里灭亡。"1938年西北影业公司拍摄《风雪太行山》，编导贺孟斧在西安遇到了前往延安的冼星海，约他为这部影片作曲，冼星海就将这首歌用作该片的主题歌。贺孟斧同时还制作了音乐短片《在太行山上》，随《风雪太行山》一起放映。音乐家马可如此赞美这首歌："这旋律从低音开始，几经起伏，汹涌而出，好像晨曦中

冼星海在武昌县华林"第三厅"门前（1938年）

一道红光划破长空，带来无限光明，照在迷蒙蒙的群山众峰之上，瑰丽中透出十分的庄严。……瑰丽、庄严，但这绝不是肃穆的神明赞歌，而是人间的挚意真情：慈母的叮嘱、爱妻的关切，这一切又都融化在一种最高的情操中，唱出了雄亮、激昂的战歌。"他总结说，这是一首把颂歌、抒情歌和进行曲的风格结合起来的杰作。

第 四 章

宝塔山下

一、艰苦的环境

对一个音乐家来说，最重要的莫过于拥有创作的自由；最能体现他价值的无非是创作出来的作品能够获得认可，广为传唱。但是"第三厅"的工作并不能让冼星海获得这些满足感。在《我学习音乐的经过》中，冼星海这样讲述自己离开武汉赴延安的原因：

> 我很痛苦，我和谁也并没有仇，但却被他们仇视。我的薪水虽然有百多元一月，够应酬吃饭；但精神不愉快、呆板，身体虚弱，面黄肌瘦，虽然我在此时写了《胜利的开始》《到敌人后方去》《工人抗敌歌》《反侵略进行曲》《斗争就有胜利》《空军歌》《点兵曲》《江南三月》（电影插曲）以及许多军队的军歌，但写作的心情及情绪大减。渐渐，我无法创作，我渴望一个能给我写曲的地方，即使像上海那样也好。但回上海是不可能了，于是我想起延安。

> 延安这个名字，我是在"八一三"国共合作后才知道的。但当时并不留意。到武汉后，常见到"抗大""陕公"招生的广告，又见到一些延安来的青年。但那时与其说我注意延安，倒不如说我注意他们的刻苦、朝气、热情。正当我打听延安的时候，延安鲁迅艺术学院寄来了一封信，音乐系全体师生签名聘我。

但是，冼星海去延安也不是没有顾虑。冼星海对武汉最不满意的是没有创作自由，歌曲被审查、删削，在延安会不会遇到同样的问题？延安的物质条件非常艰苦，吃穿用度都可以委屈些，但是进行音乐创作和器乐演奏的设备是否能够得到保障？另外，是不是常常都要开会学政治，天天都要下地开荒进行大生产，有没有充分的时间进行创作？还有，如果对延安不满，能不能像武汉这样可以随时离开？

　　正在他犹豫去还是不去的时候，鲁迅艺术学院又来了两次电报，冼星海抱着试探的心，起程北行了。他此前也问过一些从延安出来的人，他们说有完全自由的创作环境，也可以完全自由地出入。他想如果呆不习惯就再出来，那时是1938年的秋天。

　　我们在这里有必要首先了解一下延安的鲁迅艺术学院。鲁迅艺术学院（简称"鲁艺"）是毛泽东领衔发起创办的，成立于1938年，当初成立这个学院主要是中共领导人为了培

〉历史文化知识〈

〔沙可夫〕

　　沙可夫（1903—1961年），浙江海宁人，艺术教育家，剧作家，原名陈维敏，号有圭、克夫、微明等。1926年去法国学习音乐。1927年受派苏联莫斯科中山大学学习。1931年回到上海，被捕入狱，后经党组织营救出狱。1932年到中央苏区，任中华苏维埃中央政府教育人民委员部副部长、中华苏维埃中央政府机关报《红色中华》主编。1934年参加长征。1938年任延安鲁迅艺术学院副院长。1939年任华北联合大学文艺学院院长。1948年任华北大学三部（文艺学院）主任。中华人民共和国成立后任文化部办公厅主任。1953年任中央戏剧学院党委书记、副院长。

养艺术工作的干部，当时只任命了副院长沙可夫，没有任命院长。而"鲁艺"的人心目中都把毛泽东当院长。"鲁艺"的《创立缘起》中明确表示："艺术——戏剧、音乐、美术等是宣传鼓动与组织群众有力的武器。艺术工作者——这是对于目前抗战不可缺少的力量。因之培养抗战的艺术工作干部，在目前是不容稍缓的工作。"显然，这个学院的教育宗旨也并不是进行纯艺术的研究，而是将艺术当作最有效的宣传工具。冼星海此前做的大量的工作，包括谱写救亡歌曲，组织并指导救亡歌咏班，培训歌咏人才等正好契合"鲁艺"的办学方针，虽然冼星海并不认为音乐本身的目的就是宣传，但是他同样明白在民族危亡的时刻，救亡问题，或者说通过音乐来增强人们对救亡的认识是刻不容缓的。

冼星海在1938年9月8日的日记中有这样一句话："晚上约韵玲出外略讨论往陕北问题"，这是他日记中对赴延安最早的记录。十天之后，他已经决定去延安了，并在9月18日给钱韵玲的信中写道：

　　我想到不久要到陕北的时候，那边给我们多少伟大的前途和希望！我也希望你一样地不和我分离，同在艰苦中奋斗，同在炮火中生长，使我们能够增强抗战力量，能够充实自己的生活和学识！不但在安逸里互相认识，而且更应在艰苦里互相了解，这样才是比较伟大的爱，而且是永远保持着的，是纯洁的。我爱你，但我更爱你整个的灵魂，那伟大的事业就建基在这健全的灵魂里！要达到比平常人更伟大、要比平常人更有觉悟，你得要比平常人更忍耐和虚心，同时还得和环境奋斗！一朵成功的花都是由许多苦雨、血泥和强烈的暴风雨的环境培养成的。不是一朝成功的人，他的事业也不是一朝可以破坏或失败的。换句话说，没有艰苦的奋斗，我们就没有成功，就没有更了解人生！韵玲，你这纯洁的女孩，你或许还没有感到我对你的期望。但你也该在这时代里开辟你自己的路，从艰苦中去学习。这样你的生命才有价值，才是属于群众的。我们到陕北去吧！那里可以给我们更多的勇气，那里可以使我们更了解真正的爱，再去创立我们的事业和将来。我也感到你更不应离开我，我也的确不能没有你。你给我许多慰藉和鼓励，你也可以使我勇往直前不顾一切地去奋斗。即使在一个像今天晚上这样冷冰似的黑夜里，我也不感到寂寞。只要有你，我一切都像有了把握，一切都有希望。

显然，这段文字递进地表达了三层意思：第一，延安的生活非常艰苦；第二，只有艰苦的生活才能锻炼人的意志，实现人的价值；第三，我们应该互相慰藉和鼓励去面对这

冼星海与钱韵玲合影

种艰难困苦，进而成就我们的事业和将来。

战争吃紧，战况也不容乐观，中共军委会政治部决定迁往长沙和衡山，此时，每个人都得决定自己的去留。1938年10月1日，冼星海和钱韵玲登上了离开武汉的快车。说是快车，一路上也是走走停停，10月4日到达西安。在西安停留近一个月后于11月1日启程往延安，因为乘坐华侨捐赠的伤病汽车，一路免去很多检查的麻烦，11月3日他们终于抵达了目的地——延安。

延安位于陕北地区黄土高原中部，城区处于宝塔山、清凉山和凤凰山之间，延河与汾川河在城中交汇。延安城周边崇山峻岭、千沟万壑，地势复杂，这样的自然环境适宜大部队驻扎修整。工农红军进驻延安之后，延安就成为陕甘宁边区政府的所在地，也成为红色首都，革命圣地。在20世纪三四十年代，巍巍宝塔山、绵绵延河水成为民主、光明、自由和解放的象征，吸引着众多怀抱革命理想的青年不畏艰难险阻投入她的怀抱。在冼星海夫妇到来之前，他们的许多老朋友、旧相识乃至从前的学生都早已聚在延安城了，像吕骥、田方、吕班、王式廓，等等。

延安宝塔山

> 历史文化知识 <

〔吕 骥〕

　　吕骥（1909—2002年），湖南湘潭人，1931年加入左联。1935年加入中国共产党。1935年组织"业余合唱团"及"歌曲研究会"等，积极推动上海的救亡歌咏活动。1937年在华北地区发动组织救亡歌咏活动，同年冬到延安。1938年参与筹建鲁迅艺术学院，并任其音乐系主任及教务主任。1939年到晋察冀根据地，筹建华北联合大学音乐系。1940年后返回延安，先后任"鲁艺"教务主任兼音乐系主任、副院长等职，1946年后任东北大学鲁迅艺术文学院院长、"鲁艺"文工团、东北音工团团长。1949年后任中央音乐学院副院长以及中国音乐家协会第一、二、三届主席和第四届名誉主席。1985年当选为国际音乐理事会名誉会员。2002年1月5日在北京协和医院逝世，享年92岁。

　　冼星海夫妇在延安最初的几天都是访亲探友，参加各种欢迎活动。直到11月10日才到鲁迅艺术学院与沙可夫和吕骥讨论开课的事情。此时的吕骥已是鲁迅艺术学院音乐系的主任了。

　　一份关于"鲁艺"的资料显示："学院的组织军事化，系里成立大队，大队下面设区队，区队下面设班组。学制也比较短，先入校学习三个月后派到前方或部队实习三个月，然后再返校续修三个月即毕业。各系同时还组织各种各样的'工作团'到前方工作。留在延安的师生也极力服从时用，至1939年冬学院成立不到两年的时间中，就进行晚会演出160多场，并创作结合政治形势的戏剧50多出。平时还参加开荒、种地、挖窑洞、修校舍的劳动，经常帮助附

吕骥照片

近农民做农活，以落实毛泽东'一面学习，一面生产'的号召"。可以说这份报告部分地概括了冼星海在延安的生活。

从冼星海在延安的日记来看，记载每日的饮食情况是日记的一个重要内容，在什么地方聚餐、有哪些朋友领导或同事请吃饭、自己家请了什么人吃饭、吃了些什么以及去城里买了什么吃的，等等，都记录得非常详细。如1938年11月22日记："我们上午买了三毛钱的鸡蛋煮着食"；11月23日记："上午我们食点南瓜饭"；11月25日记："小鬼带了半边羊肉和很多米来，我们就在下午大食羊肉"；11月27日记："十一时午餐，今天还有鸡食，真口福不浅"；11月28日记："还有'鲁艺'的茶房同志留给我们一些大米饭和白菜猪肉。我们因为饱食了一两顿，就没有动它"；等等。类似的记录非常多。这多少说明一个问题，当时延安的生活虽然不至于挨饿，但至少在吃穿用度等方面并不宽裕，或者说条件甚为艰苦。这才使人们把吃饭当作一天中的一件大事来记，也使鸡蛋、白菜、猪肉等这些日常食品作为赠送的最佳礼品。冼星海的日记中曾提及西北影业公司寄给他20元稿费，解了他的穷困。另有一则日记则记他领了7.7元的月薪，进城买了些东西，还了5元的债，回家只剩下4毛钱了。而圣诞前去机关合作社买莲子，要1.2元1斤，所以只好买了花生米。不过，这只是艰苦生活的一部分。

1938年11月20日，延安遭遇了第一次大轰炸。冼星海这一天的日记里详细地记载了轰炸的情况：

　　我正想开始写我的交响乐，玲在房门口看政治常识，她说："咦！飞机来啦，真的，已经是啦！"我说："傻说，不要说笑"。后来看见西北旅社东南边房间的客人都走了，我赶快拉着玲。她可怜得很，跑是跑得快，但总赶不及我。后面就听见轰轰地响着炸弹声，我就慌忙地跳进城边的防空壕里去。她刚在我后面，只听见她喊着："呦呦，我的头啊，腰啊，痛死了，我喘不过气来啊！"我知道在她后面有四五个老百姓压在她后边。我便用左手挡住她头上，使老百姓从她的上边减少压力，然后有一位同志，在她前面拉她出来。她躲在我身旁，一个又黑又暗，空气是浊臭的，我头上有点昏。后来又走出防空壕，和王邦屏同志及王夫人走到对过清凉山下的解放社躲避，后来又去"鲁艺"。四时与沙可夫、吕骥、丁里、左明等看敌机轰炸过的地方，计共轰炸的地方有南门外一带、西北旅社、旅社对过、旅社前后左右都炸得很惨。光华书局、组织部、训练班都被轰炸，计共死四十一人伤一百多人，"抗大"也死伤颇多。我们晚上就搬去"鲁艺"住，他们领我们去山上的一个旧窑洞住。他们在那轰炸之下，好像失了秩序一样。我们气也气不耐烦，就在山上的旧窑洞睡了！玲有点难过，但我还是沉默。

　　此后，便有很多躲飞机的记录，不是爬山顶，就是下山沟，也常常是躲了一天飞机都没来，或者一天爬山下沟好多

陕北窑洞

次。这些记录只是平铺直叙，没有费笔墨去描述具体的躲避或者轰炸的过程，这多少也说明他们已渐渐习惯这种爬山下沟的生活。只有一次，冼星海在日记里抱怨，一天爬上四五次就基本没有时间搞创作了。

在《我学习音乐的经过》这篇写于1940年的自传性文字中，冼星海这样总结了自己在延安的日常生活：

我在"鲁艺"担任教音乐的课程，他们分给我一个窑洞居住。以前我以为"窑洞"又脏又局促，空气不好，光线不够，也许就像城市贫民的地窖。但是事实全不然，空气充足，阳光很够，很像个小洋房。不同的只是天花"板"（应说"土"）是穹形的。后来我更知道它有冬暖夏凉的好处。我吃到了小米饭，这饭不好吃，看来金黄可爱，像蛋炒饭，可是吃起来没有味道，粗糙，还杂着壳，我吃一碗就吃不下去了，以后吃了很久才吃惯。各方面的生活我也跟他们一样，我开始学过简单的生活。

生活是这样：一早起床，除了每天三顿饭的时间和晚饭后两个小时左右的自由活动，其余都是工作和

学习（我到的时候及以后，学习的空气很高）。他们似乎很忙，各人的事好像总做不完。我住在窑洞里，同事、同学常常

"鲁艺"师生开荒中野餐

来看我，我也到他们的窑洞里去。他们窑里布置得很简单，一张桌子，一铺床，几本或几十本书和纸张笔墨之类，墙上挂些木刻或从报章上剪下来的图照，此外就没什么了。大家穿着棉衣军装，留了发却不梳不理。

……乐器方面设备太差，全延安没有一架钢琴。除了能够携带的西乐器（如提琴、手风琴之类）外，只能数数中乐器了。我现在正在研究中乐器的特点，想利用它们的特长以补目前的缺陷。

我对"鲁艺"的生活很容易习惯。只是开会最初不惯，我觉得开会妨碍写作。我曾经向他们表示这一点，他们没说什么。后来我才知道这是他们对问题解决的审慎态度。他们以为开会大家都发言，问题就考虑得较周到了。又，开会时，大家交换了意见，不同的经过争论后又相同，因此就没什么隔阂，容易团结。我对于这一点，慢慢也习惯了。

好在我的身体比以前健康了，我结实得很多了。因为开垦种地，身体得到了锻炼。吃小米饭也香了。虽然不至于变成"皮球"（这里把长得胖胖的叫做"皮球"），但多担任些工作总是经得起的。

……此间，当局为了我的工作多一些吧（我还兼"女大"的课），他们每月给我十五元（"女大"三元）的津贴作为优待。同事们——艺术教员一律十二元，助教六元。现在学校里生活改善，每星期有两次肉吃，两次大米饭或面吃，常餐菜多加一个汤（别的机关没有），这比起上海武汉虽不如，但自由安定，根本不愁生计，则是在那些地方所没有的。如果比起在法国的生活，更好得多了。在法国冬天冷得没法时，就到马路上跑步取暖，现在则在温暖的窑洞里埋头作曲。

不过，也许正如冼星海在鼓励钱韵玲与他同赴延安的那封信所说的，只有艰苦的生活才能锻炼人的意志，实现人的价值。正是在这样艰苦的环境下，冼星海忘我的工作，从而达到了他艺术生命的顶峰。

从1938年11月抵达延安后，冼星海一共写了四个大合唱《生产运动大合唱》《黄河大合唱》《九一八大合唱》和《牺盟大合唱》；两个歌剧《军民进行曲》《滏阳河》；歌舞活报剧《三八妇女节》；《民族解放交响乐》完成了第一部，第二部也快完成；此外还为团体、机关、游击队写了无数歌曲，民谣小调无数，总计五六百首。

二、温暖的大家庭

虽然各方面的条件艰苦，但延安像个温暖的大家庭。

在"鲁艺"，冼星海担任作曲法、自由作曲、指挥法与实习、曲体解剖四门课的教师。他很受学生的爱戴和欢迎，他的学生常常回味他灵活新鲜的教学方法：

> 开始时大家演唱星海新写的《迎春曲》，先由他指挥，然后挑出一位队员来指挥，他在旁边指导。演唱完了是修改作品，大家都写得很多，星海逐一地唱出并提出意见。这种方式对我来说是非常新鲜的，是过去呆板的学校教育所没有的。既有演唱、指挥又有创作，

鲁迅文艺学院师生合影

生动活泼地合在一起，使每一个的能力都很快提高。
（瞿维）

星海同志从没有使任何人在创作上垂头丧气，当他看过别人的作品后，也许他的批评是比较严格的，甚至是表示不满意的，但他并不是否定的态度，即使是缺点很多，他总要肯定它的好处，所以总能使人并不因失败而灰心，而是充满了更大的信心再接再厉地进行创作。……星海同志对新鲜事物和感觉是使人惊异的。他除了自己在作品中有许许多多新鲜的创造外，他还经常从别人的作品中，尤其喜欢从同学的作品中发扬一些优异的创造，即使是很小的创造，他也大大地把它宣扬给别人。这是星海同志最能使同学们获得鼓舞的。
（焕之）

星海同志的教学方法是值得学习的。当时是战争年代，要在短期内培养大批的音乐干部。所以他教学是先教旋律作法，随后教两声部写作，再教四声部写作，教时把理论和实践结合起来，由浅入深，这样的教法是适合当时客观需要的。还有一点我至今没有忘记，他改作品的时候，不是先找毛病，而是先找写得好的那些乐句，先赞扬和鼓励，然后才指出缺点。他虽然是老师，但他指出缺点时是很民主的，他改了以后还问："这样好不好，我们来唱唱看，是不是比原来好一点？"这种教学方法鼓励和提高了学生学习的上进心。所以自从星海同志到鲁艺后，学生的学习劲头更为振奋，教学质量不断提高，星海同志的这种教学方法，不仅是单纯方法的问题，也体现了他的人品中忠厚的性格和对同学的爱护，星海同志真不愧是一个诲人不倦的良师。（梁寒光）

冼星海的学生很多，在《冼星海纪念文集》所收录的文字中，几乎所有的学生都提到他对学生的宽厚和友善。他能够从学生稚嫩的习作中发现闪光的段落，能够适时地给予学生鼓励和肯定；他尊重学生的创作成果，逐句地哼唱学生的作品，同时也会委婉地提出修正的意见。他的这种教学方法唤起了学生们对音乐的爱，以及对投身音乐事业的信心。

在"鲁艺"，冼星海除了教学之外，另一项重要的工作就是筹备晚会。延安的晚会确实很多，晚会一方面可以丰富延安的群众生活，特别是在物质条件比较艰苦的情况下，另一方面晚会具有很好的宣传效果。可以增强队伍的凝聚力。有晚会就要有演出，有演出就要有创作和排练。晚会在当时的延安非常盛行而且具有极其重要的地位，为了筹备晚会，很多属于音乐系的生产开荒的劳动都由其他组织代劳了。冼星海的日记里有大量关于去一些团体指挥和教歌的记载。比如1938年11月11日，冼星海刚到延安不久，"晚上看山东移动剧团演剧，我上台指挥，共五首歌……极得观众同情"；11月12日"指挥'青救'歌咏，下午教'抗大'第四大队第十队歌咏。晚上赶赴'鲁艺'学生实习音乐大会"；11月13日"指导西北战地服务团歌咏，下午教'青救'《到敌人后

方去》歌曲”；11月14日“早上看书，十一时在‘抗大’第四大队第十队指导唱歌”；11月16日“指导全国青年救国会唱《到敌人后方去》”；11月17日“指导西北战地服务团唱歌（《在太行山上》及指挥）”。冼星海初到延安，每天的工作几乎都是教歌及指挥。

冼星海在法国专门学过指挥，所以他的指挥特别能够调动起乐队和合唱团的热情。他的学生李焕之回忆说：“星海同志的指挥方法是十分有生气、有活力的，虽然他自己的歌声不响亮，有时还唱得不太准，但这无妨，因为他善于引导演唱者去获得丰满有力的歌声，他善于启发演唱者对于作品的理解，他善于使演唱者精神贯注。对于一个作品的演出，他首先是要求力量，要求情绪饱满，至于作品的细节是否清楚那是次要的问题。他更善于处理一个庞大而突击式的演出。”

冼星海常常在各种晚会上担任歌咏队的指挥，他指挥的最大型的一次合唱是《黄河大合唱》的首演。当时延安的演出条件很差，没有低音乐器，冼星海的学生梁寒光给煤油桶安上一个把子，用弹棉花的弓上的牛筋作弦，做了一个低音大胡。

晚会现场，秧歌剧《兄妹开荒》

在正式演出前，冼星海曾多次到不同的歌咏团体教唱这首歌，每次人数不等，而在正式演出时，五百人的合唱团仅排练了一次。这个合唱团是个临时汇合起来的大合唱团，队员从各个单位临时抽调，水准参差不齐。在总彩排时出现了很多不合拍甚至走调儿的情况，效果并不令人满意，许多人都在担心晚上表演的效果。但是当晚的演出极为出人意料。李焕之详细地描述了当时的盛况：

"演出的时间很快就到了，四五百个演唱者简直把整个舞台给占据了，前台后台及两旁都挤得紧紧的。一声霹雳，合唱开始了，这在延安的音乐演出上是空前的盛况，声势的浩大是无可比拟的。星海同志以他惯有的稳健、活跃而有力的姿态出现在演唱者和听众之间。当合唱进行到《保卫黄河》的时候，星海同志突然转过身来，请全体听众一起歌唱，这真是意想不到的却又是多么令人兴奋和感动的场面啊！台上台下交织成一片战斗的歌声和沸腾的情绪，这是在世界指挥艺术史上空前的创造。"

冼星海1939年5月11日的日记也写道："今晚的大合唱可算是中国空前的音乐晚会，里面有几首很感动人的曲：《黄河船夫曲》《保卫黄河》《怒吼吧！黄河》及《黄水谣》。当我们唱完时，毛主席、王明、康生都跳起来，很感动地说了几声'好'，我永不忘记今天晚上的情形。我是很严格地、很热情地去指导歌唱队。"

在教学和指导晚会之外，冼星海仍像过去在武汉时那样，义务为各个团体教歌，因为只有普通的士兵、普通的公

冼星海指挥《黄河大合唱》

务人员、普通的学生都会唱那些鼓舞士气的歌曲，救亡歌曲才能达到它的宣传效果。所以冼星海白天给"鲁艺"的学生们上课，晚上则兼任很多教歌的工作。

冼星海常常在漆黑的晚上，提着马灯，迎着刺骨的冷风，翻山越岭去各个机关单位教唱歌。那时的黄土高原还是比较荒凉的，走夜路最怕摔进被炸过的弹坑，或者半途遇到饥饿的狼。在1939年2月10日的日记里，冼星海写道："下大雪。早上教授'曲体解剖'。五时去'抗大'教授唱歌。回来已天黑，路上望不见一点东西，几乎陷入被炸过的一块地里，感到非常可怕。回家后，玲已买了点花生糖给我吃。才坐不久，听见门口有一种怪声，是狼的叫喊。"

然而，害怕归害怕，唱歌还是要教的，而且夜路走惯了，多少也壮了胆。曾有人写了首打油诗送给冼星海："马灯闪闪亮，肩扛打狼棒。歌声飞到鲁艺来，星海还在山坡上。"

　　组织上也给予这位音乐家特别的关照。冼星海到延安后，边区政府在衣食住行等各方面都尽量给予了很好的安排，最为细致周到的是安排广东籍的青年学生梁寒光照顾他的生活。梁寒光比冼星海早半年来到延安，起初在陕北公学学习，因为在广东的时候学过小提琴和其他的一些民族拉弹乐器，每当陕北公学组织娱乐晚会的时候，梁寒光都是主要演员。在陕北公学结业后，会音乐的梁寒光就被分到鲁迅艺术学院继续学习，成了冼星海的学生和助手。当年合唱《黄河大合唱》时用的低音胡琴就是梁寒光用煤油桶做的，同时他还担任了这首大合唱的小提琴伴奏。

　　梁寒光喜欢音乐，学习很努力，为人也很热情开朗，再加上他与冼星海是老乡，生活习惯相近，又操同一种方言，所以冼星海一到延安就有一种亲切感，而且很快与梁寒光建立起了亦师亦友的亲密关系。梁寒光每天除了上课和帮厨之外总要抽时间去冼星海家，当时"鲁艺"在延安的北门外，冼星海就住在紧靠北门左手边山上的窑洞里。在窑洞前的小院子里，钱韵玲养了几只鸡，生了蛋就煮给冼星海吃，只要梁寒光也在，冼星海总是拿出一只鸡蛋来分给他。延安的物质生活很艰苦，能吃到煮鸡蛋对一个学生来说那可是难得的享受。

　　梁寒光自己都说，一年365天，他差不多有300天的晚上都是在冼星海的窑洞里消磨的。他来照顾冼星海的生活，同时也得到了很好的跟老师学习的机会。冼星海坐在书桌前写

作，他就坐在石墩子上看书，当时延安的音乐书籍非常少，冼星海就把自己带来的书和少量袖珍总谱拿给梁寒光读。梁寒光总是一边看一边问，冼星海从来不厌烦，总是耐心地讲解。就这样每天两小时，差不多一年多的时间里梁寒光学到了不少，进步迅速。

"鲁艺"在延安第一次大轰炸中受了不小的损失，之后搬进了桥儿沟的一座旧教堂，冼星海分得了"鲁艺"后山的一个双套窑洞，算是有了一个小小的创作间。到了冬天，小窑洞里生着火，他伏在书桌上写他的作品，有很多朋友都一声不响地围坐在火炉旁边一边烤火一边看书。当时不是每个窑洞都能生火的，大家聚在冼星海这里有些"揩油"的意味，但是冼星海喜欢朋友，喜欢这些广东人坐在他的火炉周围。他屡次声明，大家来烤火不会打断他的思路，相反会增加他的"热气"。有时候，大家来烤火，还带些好吃的东西来煮煮，小窑洞里香味四溢，其乐融融。

冼星海的普通话说得不大好，这也使他不大容易用自己不熟的语言跟别人互诉心曲，很多冼星海的同事都觉得他比较内向木讷，不善言辞。也许这是他老乡观念挺重的一个原因，他认为"广东人都是好友"，当然这也是常有的一般观念。他常对这些广东老友说："打完仗我们一起到苏联，把什么都学饱"，"我们回广东去，办个音乐学院，大家在一起研究，真正创造我们中国的新东西"，他对音乐有很大的抱负。

中共的高层领导人一直都非常重视文艺对中国革命的宣

传作用，也非常重视艺术人才。像冼星海这样著名的音乐家在延安的近两年里，常常得到来自中共高层领导人的鼓励、关心和照顾。

1939年7月8日，刚回延安不久的周恩来和博古就请冼星海等文艺骨干喝茶，并且为冼星海题词："为抗战发出怒吼，为大众谱出呼声！"而时任中共中央书记处书记、中央统战部部长，并兼任中国女子大学校长的王明和时任中共中央书记处书记、中央党校校长的康生更是把党中央对文艺界人士的关怀落到了实处。冼星海的日记里多次记载了中央书记处请文艺界人士吃饭座谈，也多次记载了王明和康生这两位当时处于党内高层领导地位的干部设家宴款待冼星海。比如，1939年3月5日冼星海的日记里记录了康生宴请他和钱韵玲的细节：康生派人带了两匹马、两个勤务员接我们去，

到达后受到康生的亲切接见，他"很客气地请我们坐下，拿烟、饼干和咖啡。我们是第一次在延安吃到咖啡的，他还请我们吃饭，菜非常好。……下午他养的一只狗送我们到'陕公'才回去"。1939年4月2日记："我们动身去王明同志家里坐。孟庆树（王明夫人）出来接我

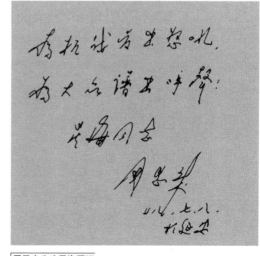

周恩来为冼星海题词

95

们进会客室，请我们吃饼干和咖啡，……午饭开了两桌，我在王明同志家里食饭。……他们给我题了字作纪念，还一路送我出门。这种热情的首长使我感到感动和要更努力"。冼星海有一段时间生病在家，王明亲自去看望，令他非常感动。钱韵玲生产，王明个人送了十元钱，以示慰问。而且，王明还非常关心冼星海作品印行问题。更重要的是，冼星海离开延安辗转去苏联后，还常常嘱咐钱韵玲有困难可以找王明或周扬解决。这一方面体现了党的领导人对文艺界人士的关心，另一方面也说明了冼星海对组织的信任。王明和康生后来虽然因为路线问题受到了党内的清算，但延安时期，作为党的重要领导人，他们贯彻执行的文艺为大众的方针以及他们对文艺的重视，对文艺界人士的关怀给了冼星海这样亲近共产党的艺术家很大的鼓励，同时也促使了他们在思想政治方面的进步。

当然党组织和边区政府的关心并不代表政党会限制文艺界的创作自由，至少在1940年的延安是这样，而创作自由恰恰是进行艺术创作的人最渴望得到的。

1940年10月10日中共中央宣传部、中共中央文化工作委员会发出了《关于各抗日根据地文化人与文化团体的指示》（以下简称《指示》），对文学艺术工作者给予了充分的理解并从政策上给予支持。比如，《指示》明确指出：

> 党的领导机关，除一般的给予他们写作上的任务与方向外，力求避免对于他们写作上人工的限制与干

涉。我们应该在实际上保证他们写作的充分自由。给文艺作家规定具体题目、规定政治内容、限时限刻交卷的办法，是完全要不得的。

对于文化人的作品，应采取严正的、批判的、但又是宽大的立场，力戒以政治口号与偏（褊）狭公式去非难作者，尤其不应出以讥笑怒骂的态度。

共产党人应有足够的气量使自己能够同具有不完全同我们一样生活习惯的文化人共同生活，共同工作。对于文化人生活习惯上的过高的苛刻的要求是不适当的。

团体内部不必有很严格的组织生活与很多的会议，以保证文化人有充分研究的自由与写作的时间。

文化人的最大要求，及对文化人的最大鼓励，是他们的作品的发表。因此，我们应采取一切方法，如出版物、剧曲公演、公开讲演、展览会等，来发表他们的作品。同时发表他们的作品也是推广文化运动的最主要的方式。

在文化人比较集中的地区，应设立文化俱乐部一类的地方，以供给文化人集会与娱乐之用。此外，为了使作家们有创作的适当场所，可特设"创作之家"一类的住所，使他们能够沉静下来，从事他们的创作生活。

虽然这个《指示》颁布时，冼星海已经离开了延安，但是它多少说明在当时延安的文人社会中创作是相对自由的，

文人是受到尊重和重视的。

边区政府为艺术家们提供的宽松自由的创作环境、党的高级领导人对艺术家们无微不至的关怀以及各部门各机关团体倡导的政治学习，都促使冼星海积极投身到党的怀抱中来。

在《我学习音乐的经过》这篇长文里，冼星海叙述了党的政策理论对他音乐创作的影响：

> 还有一种批评，给我的益处较大，那就是负责当局的关于方向的指出。譬如他们所主张的"文化战线"，那关于音乐上民族、民主、大众化、科学化的方向等，给予我对于新音乐建设的研究和实行问题上有很多的启示。
>
> 为了学习浪潮的推动，我也学习理论，最初只限于与音乐有关的东西，后来知道了这还不行，我就也来一个学习社会科学的计划。我看了一些入门书之后，觉得不至于落在人后了。但慢慢发生了兴趣，我竟发现了音乐上许多的问题过去不能解决的，在社会科学的理论上竟得到了解答。且不说大的方面，如音乐与抗日、音乐与人类解放等等问题，只举出为什么工农的呼声有力、情感健康这一点。过去我以为是因为他们受苦，但这回答我自己也未满意，所以在吸收公认的呼声及情绪入作品时，显得表面化（形式化）。现在我知道，劳动者因为是被压迫者、被剥削者，他们只有摆脱这种枷锁

才有出头之日，如果不然，就只有由衰弱而灭亡。所以
他们的反抗就是求活，他们的呼声代表着生命，代表着
生命的未来的力。还有，工人们是一贫如洗，毫无私
蓄，连妻子、儿女也要变成工厂主的奴隶，在这样的生
活下，他们的脑里装不进什么自私（因为私不了），所
以他们的胸怀是大公的。他们反抗压迫剥削，不只是为
了自己，别人也得到益处。世界上没有了人吃人，谁都
过着幸福的日子；劳动者要消灭人吃人的制度来救出自
己，因而也救出所有的人。这样可以知道劳动者所想的
实在是最高尚的，为着大众的，正义的。他们不需要欺
骗、卑鄙、自私、阴谋、猜忌、残忍等等。所以感情是
健康的。又因上述种种原因，他们最能团结自己和团结
各种人民。因此他们的声音、感情就能充溢着热爱和亲
切、真诚和恳挚。而至他们命定要做新世界的主人翁，
把世界变成大同社会。这样，他们的气魄自然是很大
的，力量自然是深厚的。——所有这一切就构成了劳动
者的呼声的无限力量和情感的健康。而剥削人、压迫人
的集团的音乐之所以日趋没落和充满颓废、感伤的靡靡
之音，正象征着他们是不行了，人们已不再要他们乌烟
瘴气的糊弄，已不再允许他们把世界推向火坑。

这一大段政治学习的体会虽然将马克思关于阶级斗争和
无产阶级革命性的理论解释得很稚嫩，但是也从一个侧面反
映了冼星海到延安后在思想认识上的变化。

冼星海于1939年5月15日为申请加入中国共产党，而写给中共延安鲁迅艺术学院支部的自传或许能够说明这类知识分子的思想转变的历程：

"鲁艺"中共支部赵毅敏同志：

我对于中国共产党的奋斗刻苦精神是时刻不能忘记的。并不是因为中共有了"二万五千里长征"的光荣记录，或者是已经有很多优良的组织和干部，而是因为我们中国需要有一个无产阶级的政党，这个政党是代表群众意志，有组织地、广泛地去领导全中国向着一条光明伟大的路迈进。就中国共产党本身说，她的任务是伟大的，前途是光明的。最大的原因是，中国共产党是由全国最多数的工农分子组成的，她是从艰苦奋斗产生出来的。

大革命时，我年纪还小。我在广州岭南大学附中念书，当时我是半工半读的一个学生，但我是时常接近学校里面饭堂的伙夫、工人和学校外的蛋民，我并且担任过村童的工作。工人夜校我也去教过，我非常接近他们的生活，而他们也很喜欢亲近我。可惜当时我缺乏浓厚的政治认识，但也从没有人来领导我做更深一步的工作，当时我只会指导他们怎样团结，怎样用功。

在巴黎七年，亲自感受过劳动的生活，并参加过国际的工党会议，当时思想突变，坚决同情共产党。回国后，参加救亡运动，提倡大众化歌咏，鼓吹民族解放的伟大战争，使歌咏运动能够配合现在的抗日、反侵略、反汉奸的政治趋向，来完成民族解放，打倒日本帝国主义的任务。

到延安后，直接感到中共中央的关心和爱护，因而更决心加入共产党的组织，共同努力，实现抗日和建立新中国的目的。希望加入组织后，能够积极工作，政治的认识更加强。关于本人的音乐创作，希望在理解马列主义的艺术理论和党员们互相勉励，能给自己进步，使作品能真正创作出民族的呼声，能代替群众怒吼，反映现实的艺术作品。我感到自己太缺乏，我非加入组织不可。因自己的缺乏，我希望党能给我一切的指示和领导，使我能成为一个堪称为共产党的党员，不顾一切，为党努力和奋斗，实现了我们同一的最高的想望，用行动来实现这理想——共产主义。

1939年6月14日，冼星海成为中共候补党员，他在这一天的日记里如此描述："今天就算我入党的第一天，可以说生命上最光荣的一天。"1939年12月3日，冼星海的日记里只有一句话："永不能忘的日子"。这一天是他转为中国共

"生命上最光荣的一天"（1939年6月14日冼星海日记片段）

产党正式党员的日子。没有慷慨激昂的表白，没有热情似火的讲演，没有感激涕零的誓词，一句"永不能忘的日子"囊括了冼星海所有的感受。

冼星海的文人气也很浓，有时候为人处世颇有些意气用事。他的朋友李凌曾回忆说，有一次音乐系办晚会，冼星海的小提琴节目被安排在另一个小提琴节目的后面，他对这种安排很是不满。碰巧的是，他和这位小提琴节目的表演者又有一些过节，所以带着一肚子怨气的他在演奏时一连拉断了好几根E弦。冼星海想借口弦断了无法演奏，但拗不过学生的邀请到底还是勉强换弦，奏完了事，可是从此就认为是排节目的人和那个拉小提琴的教授串通一气来欺侮他。冼星海为人直率，他对隔壁的教授有意见，碍于情面不便发泄，可是却不放过从那家飞过来的小鸡，常把小鸡打得满房子乱飞。李凌觉得，冼星海太过倔强、非常好胜，英雄主义气质浓厚，同时还夹杂着一些个人主义的成分。他评价说，许多人想把延安说成无懈可击的世界，其实在早期，大多数知识分子依然把"小资产阶级的劣根性"的尾巴拖了进去，这里的"小资产阶级劣根性"指的应当是冼星海性格中的"个人主义"或者"英雄主义"成分。但是现在看来，如果我们并不强求每个人都要温良恭顺，并不强求每个人都要消灭自己的个性以适应集体的要求，那么这些带有"个人主义"情绪的"小资产阶级劣根性"正显示了冼星海率真和可爱。

1939年5月，冼星海被任命为"鲁艺"音乐系的主任，但他并不是一个行政管理人才。他在5月28日的日记中记着："早上本来通知音乐系的同志开会，一直等到吃饭时还有几个人没有来。下午二时冒着雨去，等了半个多钟头，没有几个人来。张恒和汪鹏本来负责叫人的，结果没有叫齐，我气得厉害就走了，说明天再开会吧！我跑回房间，又跑去赵院长处，但他们有客，不能讲什么！"做了系主任后，此类跑来跑去的事情常有发生，浪费了他不少时间。而且他对于系里许多事务性的工作都不能做一个通盘的规划，纵然有不少学生朋友帮忙，他仍然是事倍功半。

冼星海处理生活上的问题远不如教书作曲和指挥那么得心应手，这就多亏了妻子钱韵玲。到延安后，这个个性很强的姑娘虽然进了"抗大"学习，但主要的工作仍然是照顾冼星海的生活。买菜煮饭洗衣晒被，接待冼星海的朋友学生，帮冼星海画谱线抄乐谱……此外自己还要学习和演出，她能做的都做了。从一个充满激情和浪漫幻想的女学生转变成一个管理柴米油盐、辅助丈夫的司家主妇其实并不容易。

1939年8月5日，冼星海和钱韵玲的女儿妮娜出世。冼星海在当天的日记里写道："半夜，玲肚痛，我身体非常疲倦，我想不理她，以为她不痛。后觉得有生产之可能，我便在六时去找那陈医生。她替她检查，确实系生产，但没有医具，只得先用她自己带来的，我便向管理科取，一面去中央干部医院取药。在这痛苦呻吟当中，玲在早上十时五十五分生下了一个女孩子，她长得很大很胖。从今日起我们做了父母亲了，我们叫这小孩子名妮娜！中央给玲二十元生产特别费"。

从那以后差不多一个月，初为人父的冼星海没有逐日记日记，只在8月5日的日记后补了一段："从五日直至……我都很忙，自己要烧饭、洗衣服、侍奉玲等，又兼晚上不能睡觉，身体有点不舒服。十日我请了一个老妈，五十七岁，我只用了她半天，就解了她。因为她要食烟，各种习惯又不好，工作又不强！十一日起又是照样忙！忙！忙！"

初为人父自然有些手忙脚乱，加上还要忙工作，冼星海不免有些烦躁不安，不过尽管如此，他仍称得上一个好父亲。1940年5月冼星海赴苏联考察音乐，当时女儿妮娜不足周岁，冼星海的书信表达了对妻女二人的牵挂和爱。在此照录几段，以飨读者：

> 昨天我买了一罐饼干（六元半），一包糖果（二元），十包鹩鸪菜（共十二元），两个玻璃奶瓶（共二元），三个奶嘴（三元六角），其他小儿玩具价钱太贵而买不到，我只买了一个小鼓（二角）。这些东西我已花了一些钱了，我希望你和妮娜都得些安慰，我剩了不多的钱了。你们母女好么？还有咳嗽没有？（1940年5月16日西安）

> 你和妮娜怎样？身体好么？念念。现在天气变幻莫测，起居饮食必须小心，尤其是水果，妮娜可以饮一点果汁之类的东西，给她多饮暖和的水或糖水，每天也给她一点盐水，青菜、红葡萄、橘子对她是有益的，可给她多吃。隔天给她洗澡换衣裳，每天使她有十数小时

睡眠。在她睡眠时间，你可以自修或上课或工作，利用宝贵的时间去增强自己的学问，至紧至紧。（又及）

妮娜怎样？你要会利用牛奶瓶灌满开水，天天给她喝，常常带她出窑洞（只在烈日晒不到的地方）。你近来读了多少书？身体好么？我常想念你和妮娜。（1940年5月28日）

延安必定很热，你得小心，不要常常出来，天热容易令人生病的。你的起居怎样？妮娜怎样？暑天宜多饮冷开水，对于疾病一定比较少些。妮娜有了奶瓶可以常常给冷开水给她喝。如果"鲁艺"托儿所还没有严格讲求卫生，请你不必送妮娜去。因为暑天最容易有传染病，尤其对于一般的儿童及不够一周岁的儿童。……你感到寂寞么？我劝你常常勤于工作、打球、读书、参加各种活动和讨论会，你就不会寂寞的。尤其希望你多读点书，因我另有工作离开了你，你便更可以得到多一些时间读书和做事。如果妮娜有妨碍你的时间，可以找一个小鬼看着她。（1940年6月6日西安）

有一件事我想讲给你知道的是，妮娜的小口和面颊不要让任何人吻她。因为她年纪小，一来不卫

延安革命者子女生活情景

生，二来是直接教了她一种不好的习惯（除你吻她之外）。（1940年抗战三周年纪念日）

冼星海离开延安后的每一封家信几乎都叮嘱钱韵玲好好读书，好好生活，保持健康；也叮嘱自己的妻子好好照顾女儿，给女儿多喝水、晒太阳、吃青菜、唱歌……字里行间透着父亲的细腻和温柔。只是冼星海这一别成永别，他的家书也成为自己留给女儿的唯一情感告白。

三、《黄河大合唱》

在延安，冼星海的创作力得到了一次集中的迸发，他创作的大合唱和新歌剧是中国音乐界里程碑式的作品，而其中的大合唱更因其群众参与的形式和朗朗上口的曲调被广泛传唱。

《生产运动大合唱》是冼星海在延安创作的第一部成功的合唱作品，它是塞克与冼星海这对配合默契的词曲作者又一次杰出的合作。

冼星海在延安遇到塞克后就表达了再次合作的愿望，他希望两人能合作一首大合唱。塞克曾花了不少时间来考虑这个大合唱的主题，但是觉得那些关于"起来""打倒"和"冲锋"的主题太滥，他觉得要有新的内容才会有新的力量。当时正好赶上延安边区提出"生产自救"的口号，于是"生产运动"成为首选的内容。在后来关于《生产运动大合唱》的座谈会上，塞克谈及自己的创作想法：

> 因为我幼年是从农村生长的，对于耕作的情形略
> 略晓得一点，同时我又是最爱农村的，在长期的流浪生
> 活中，我体验了不少农村的情趣。上边的原因虽是促成
> 我写这个作品的动机，它的中心情感却是紧系在"生产
> 运动对于抗战实力的增强，与劳动中普遍流露的对于抗
> 战的亲切及热望"这一点上。……因为我表现的是抗战
> 新阶段中一般人共有的感情，所以在这个作品中并没有
> 描写"个性"，因为这个题材是目前生活中最显著最有
> 特征的，只要抓住最精干纯练的那一部分，就是人人能
> 够看得懂的，再简单些说，甚至只用几个姿势几个声音
> 都可以表达明白，所以我没有描写故事，只扼要地提取
> 了生产的三个阶段。第一个是"开荒与春耕"，第二个
> 是"播种与抗战"，第三个是"丰收与准备反攻"

既然表现的是"生产劳动"和"农村情趣"，冼星海
在谱曲时便较多地借用了民歌的曲调，它不像以往的救亡歌
曲那么高亢，而是带有民歌的婉转轻快。写这首曲子总共用
了六天，完成之后就交由演员和乐队排演。钱韵玲被塞克选
为第二场《播种与抗战》中村妇的演唱者。其中的《二月里
来》开头这几句"二月里来好春光，/家家户户种田忙！/指
望着今年的收成好，/多捐些五谷充军粮"流传甚广，许多
人开荒种地时都会不由自主地哼唱起来。

　　《生产运动大合唱》是以套曲的形式组合在一起的合唱曲目，全曲分为《春耕》《播种与抗战》《秋收》和《丰收》四场。有人物、有布景、有简单的情节，整个作品看起来更像是一出大型的歌舞活报剧。冼星海在创作的过程中也加入很多形式方面的探索，他自己在后来总结这部作品的创作得失时说："它的优点也正像词一样能大众化，节奏鲜明，愉快，曲调动听，能接近大众的生活习惯，此外它有了中国的新和声，在形式上也非常自由。至于缺点，我感到全曲不大统一，到后来合唱的地方，和声太洋化。"除此之外，也有同行指出有些章节的音乐离开了舞台表演就失去了独立的意义，所以这部作品后来演出的机会不多。但是，即便如此，这是作曲家第一次有意识地将民族的音调和某些表演形式同传统的西方大型声乐题材相结合的尝试，而这种尝试在当时已经得到了专业人士的认可。吕骥评价说："我们今天讨论这作品，不是为了它伟大，而是为了这作品的创作方法与方向值得赞扬。形式问题，常常死死地抱着西洋形式认为满足，而不去发现中国自己的传统新形式，今天，《生产运动大合唱》做到了这一点，这为什么不值得赞扬呢？"

　　而为冼星海赢来不朽声誉的是他谱写的另一首大合唱《黄河大合唱》，直到现在，即便不是专修音乐的人，只要说起冼星海，一定会提到他的《黄河大合唱》。

　　《黄河大合唱》的词作者是光未然（张光年），他与冼星海也是词曲创作的老搭档。两人相识于1937年上海的一次歌咏演唱会上，一见如故。之后两人第一次合作完成了一首

〔张光年〕

　　张光年（1913—2002年），笔名光未然，湖北老河口人，中共党员。1935年肄业于武昌中华大学中文系。早年从事抗日救亡文艺活动，任抗日救亡秋声剧社社长，拓荒剧团团长，国民政府军委会政治部第三厅中共特支干事会干事，缅甸仰光《新知周刊》主编，缅甸华侨青年战工队总领队，《民国周刊》北平版编辑负责人，1949年后历任中央戏剧学院教育长、创作室主任，文化部艺术局副局长，《剧本》月刊主编，中国戏剧家协会党组书记，中国作家协会书记处书记，中国作家协会党组副书记、书记，中国作家协会副主席，《文艺报》《人民文学》主编，中央顾问委员会委员，中国文心雕龙学会会长，中国作家协会第五届名誉副主席。1936年开始发表作品。主要作品有：歌词《五月的鲜花》，组诗歌词《黄河大合唱》，论文集《风雨文谈》《青春文谈》《光未然戏剧文选》《江海日记》《向阳日记》《文坛回春纪事》《光未然诗存》和一部诗歌集，论文《新时期社会主义文学在阔步前进》等。

　　纪念高尔基的歌曲。1937年10月，光未然到汉口，两人再次合作了包括《新中国》在内的几首歌曲。到了1938年春，冼星海在武汉"第三厅"工作时，又与光未然多有合作，包括当时颇为风行的《保卫大武汉》。《黄河大合唱》是两人最后一次合作也是最后一次见面。

　　1939年春天，光未然在晋西游击区坠马受伤，由当时正在山西进行抗日宣传的"抗敌演剧队第三队"的队员们送他回延安治疗，这个演剧队由"第三厅"所属。第三队需要新的演出节目，冼星海便提议两人再次合作。光未然当时已经将自己两渡黄河以及在黄河边上行军时的感受写成了诗，便在此基础上改写歌词。由于腿伤未愈，他是在病床上，自己口授，由朋友笔录，在五天内写成的。写成的当晚，冼星海来到病房，光未然和第三队的队员们一起开了个小小的朗

张光年照片

诵会，并将自己的写作动机和当时的感受都讲给他听。曾经指挥过《黄河大合唱》的第三队队员邬析零写了一篇回忆文字，详细地描述了黄河渡口的自然景观和他们渡河的过程，在此照录，以飨读者：

一九三八年十一月，武汉沦陷后不几天，我们抗敌演剧队第三队，在光未然同志的率领下，从陕西宜川县的壶口附近，东渡黄河，转入晋西南吕梁山抗日根据地。

壶口是黄河有数的几个险峡之一。这里，黄河被阻的山峡断成上、下两截。宽有二三里的滚滚河水，被挤聚在几丈宽的峡口里，以雷霆万钧之势，向下直奔狂泻，倾出泥浆翻腾的大瀑布，激起数丈高的密集浪花，吼声震天动地。如果靠近峡口边站上几分钟，陡然间会把面前的大泥瀑和密集浪花认作高坡山丘，听觉也变得迟钝麻木。直到离开峡口，走出五六里地后，听觉才能逐渐恢复常态。

我们的渡口——圪针滩，就在壶口下游几里远的地方。登高北望，还可看到峡口上山丘似的浪花。从这里看，它又像沸水壶里喷出来的大团水蒸气。

渡口的河面非常宽阔，水流坡度陡斜，河里布满礁石。从壶口下来的激流，到此扩成一片汹涌奔腾的怒涛狂澜，滔滔向南席卷而去。礁石近处，随时可看到急转的大漩涡。渡河的中心，耸立着一堆堆孤岛似的大山石，这是航道上最惊险的地方，渡船必须十分小心地绕着过去，否则，一失手就会被激流冲到礁石上，撞个粉碎。过了渡河中心，靠近黄河东岸，才是一片比较平坦的河面。

上午十点钟左右，我们登上了渡船。渡船的样式像是一只四方形没有盖子的木头匣子。船里容积很大，但管船的人限定我们挤在船中凹下去的一块地方，不许我们到宽敞的两头去活动。我们正为此纳闷不解的时候，忽听得一阵吆喝，四十来个打着赤膊的青壮年，"扑通"一声，从岸上跳进水里，把渡船推向河水深处，不一会儿，又一个个跳上船来，整齐地排列在船的两头。他们的动作矫健敏捷，有秩序有纪律，宛如一支即将进入战斗的军队一样。他们大部分人把桨，小部分人掌舵。船头高处，立着一位六十来岁、体格强壮、精神健旺、望来令人肃然起敬的白胡子老头。这时我们才发现原来是他在发

黄河壶口

号施令，他就是这次掌握全船人命运的总舵手。

上船前，我们已不止一次地听人说：从这里摆渡过去，必须有熟识航道和胆量出众的老舵手来领航，不然性命难保。据说像这样的老舵手当时只有二三个。

登岸的地点是在圪针滩的东南方，由于水势急速，渡船是迎着逆流朝东北方向行进。桨手们和舵手们随着划桨的节奏，一呼一应地喊唱着低沉有力的船夫号子。十来分钟后，渡船已行近河中心的危险地带。浪花凶猛地扑进船来，我们的心情也随之紧张起来。突然，那位白胡子老人直起了脖子，喊出一阵悠长而高亢，嘹亮得像警报似的声音。呼声刚落，船夫号子立刻换成一种不同寻常的调子。声调越来越高，音量越来越强，盖过了浪涛的怒吼。节奏也一阵紧似一阵，越来越急促，原来一呼一应之间的间隙，已完全消失，连我们听的人都感到喘不过气来。船夫们在老舵手的统一指挥下，一个个涨红着脸，筋肉鼓突，拼着性命地划桨，掌稳舵。

这是一场人与自然的生死搏斗，惊心动魄。在劳动号子中，充分表现出我国劳动人民的雄伟气魄，坚定的信心和不屈不挠的战斗精神。强烈的劳动号子也给了我们无限的力量，在最惊险的时刻里，我们已把仅存的一点恐惧之心，抛到九霄云外了。过了危险地区以后，水势平稳，渡船乘势而下，我们已能清晰地望到河岸，心情也随之感到特别的轻松、宁静。

这次渡河，给我们留下了终生不能磨灭的印象。

正是这一次渡河，才激起了诗人光未然同志要创作《黄河大合唱》的念头。我想，也正是由于这个缘故，《黄河船夫曲》才被世人安排为《黄河大合唱》开头的第一首歌曲。

在听完光未然充满激情地朗诵了这些歌词以及第三队队员们渡河经历的讲述后，冼星海非常兴奋，他带走了全部歌词，并且答应在第三队离开延安前全部谱好曲子。

此时正值春分时节，冼星海刚刚写好《生产运动大合唱》，而且全延安正在开展生产自救的高潮，他每天都随着"鲁艺"师生上山开荒，手上都打了水泡。可是只要有一点点时间，他就窝在小窑洞里，夜以继日地赶写，一旦开始，就不愿停歇，生怕脑袋里的旋律飞走，偶尔斜靠在床上沉吟思索一会儿，马上又能回到书桌前振笔直书。头脑里充盈着的乐思常使他处于一种兴奋得无法自已的精神状态中。他很少吸烟，但爱吃糖。在延安买不到糖果，光未然就买了两斤白糖送给他。大包的白糖放在桌子上，冼星海写几句就抓一把送进嘴巴，所以光未然说："一转瞬间，糖水便化作美妙的乐句了。"

《黄河大合唱》的创作牵动着第三队队员的心，他们常常隔三差五地去冼星海的窑洞，每次都能带回来一支新曲子，冼星海也总是请他们反复描述渡河经历，每一个细节都不放过。这样经过了两个星期的日夜突击，终于写完了《黄河大合唱》主谱以及适应当时延安乐队条件的所有伴奏。

　　光未然所写的《黄河大合唱》包括八个部分：《黄河船夫曲》（合唱）、《黄河颂》（男声独唱）、《黄河之水天上来》（朗诵歌曲）、《黄水谣》（齐唱）、《河边对口曲》（对唱）、《黄河怨》（女声独唱）、《保卫黄河》（轮唱）和《怒吼吧！黄河》（大合唱）。这其中，合唱曲和对唱曲都写得比较顺利，而《黄水谣》和《黄河颂》这两支独唱曲却修改再三。冼星海在创作时并不以自己是著名作曲家自称，而是虚心听取他人的意见。

　　以《黄河颂》来说，这首男声独唱曲三易其稿，是在跟光未然的不断讨论中完成的。首演时的独唱演员田冲回忆了他与冼星海就这首曲子进行的交流。田冲拿到第三稿时的直感是第一段的曲子太平板，配上一些带有文言味儿的歌词，既不上口，也不容易让人听懂，于是他建议将这段平板的曲调改得抒情一些。但冼星海认为《黄水谣》开头也是描写黄河的奔流，考虑到齐唱的特点，特意突出了黄河水的流畅，如果《黄河颂》也采用同样的处理方法会有雷同感。田冲又指出正因为是文言的词，曲调才更应该接近民歌的风格，这样容易上口也能让观众听懂。针对这个问题，冼星海也有自己的考虑，他曾经试过以民歌的曲风来对应这些文言歌词，但是发现这两者完全难以匹配，民歌的通俗特点难以完全表达对气势磅礴的黄河的赞颂。他也曾试着从典雅的昆曲里寻找适合赞颂的能够体现出民族风格的旋律，但是依然行不通，因为昆曲同样无法表达出黄河的气魄和作者的意图。此外，他在法国学的是西洋音乐，又得极力避免将黄河颂歌谱成教堂里的赞美诗。经过反复斟酌，这首曲子终于问世了，而为了让田冲打消曲调平板的印象，冼星海详细地跟他讲解了自己的创作意图。他说，《黄河颂》第一句"我站在高山之巅"不能唱得太高昂，否则一开口一副英雄架势就不是歌颂黄河而是歌颂高山了，唱的时候应该想着把黄河之水从高处引下来，然后，经过几个迂回婉转，再一步步高昂，直到"把中原大地辟成南北两面"是达到最高峰，这样才能唱出颂歌的精髓来。

《黄河大合唱》全部完稿之后经过了紧张的排练，演剧队第三队很快在"鲁艺"音乐系的配合之下将它搬上了舞台。首演时光未然亲自上台朗诵了《黄河之水天上来》，田冲的独唱《黄河颂》很好地演绎了冼星海的创作构思，蒋旨暖担任女声独唱《黄河怨》，史平和刘晨暄表演了《河边对口唱》。合唱队员总共30多人，全部由演剧队第三队的队员组成，邬析零担任指挥。"鲁艺"音乐系的教员李焕之和李凌参加了演奏，其他伴奏的则是音乐系的学生，乐器除了两三把小提琴外，其余的都是民族乐器。虽然乐队条件有限，合唱队的技艺也有待提高，但是因为这首歌唱的是他们亲身的经历，他们大多也都参与了创作的过程，因而情绪饱满，表现出色。光未然后来由衷地说："我以为，这次的演唱，始终是我所听到过的这个大合唱的最好的一次演唱。"

《黄河大合唱》首演就取得了空前的成功，随后在"鲁艺"周年纪念晚会上连演两场，延安各界的好评如潮。以后每遇到有大的晚会，比如接待外宾、慰问将士以及文化交流

等，都是以《黄河大合唱》为中心。这首合唱曲不仅在延安、在重庆屡屡被报道，而且获得了国际声誉，英文和俄文的报纸都曾对这部作品进行过专门报道。

冼星海在1939年4月8日的日记中详细地解释了自己创作《黄河大合唱》的想法，1941年春他在苏联的时候又将这篇文字写在重新整理的《黄河大合唱》的总谱首页上，标题为《我怎样写〈黄河〉》：

> 《黄河》的创作，虽然是在一个物质条件很缺乏的延安产生，但它已经创立了现阶段新型的救亡歌曲了。

> 过去的救亡歌曲虽然发生很大效果和得到广大群众的爱护，但不久又为群众所唾弃。因此"量"与"质"的不平衡，就使很多歌曲在短期间消灭或全失效用。

> 《黄河》的歌词虽带文雅一点，但不会伤害它的作风。它有伟大的气魄，有技巧，有热情和真实，尤其是有光明的前途。而且它直接配合现阶段的环境，指出"保卫黄河"的重要意义。它还充满美，充满写诗、愤恨、悲壮的情绪，使一般没有渡过黄河的人和到过黄河的人都有一种同感。在歌词本身已尽量描写出数千年来的伟大黄河的历史了。

> （一）《黄河船夫曲》

> 你如果静心去听，你可以发现一幅图画，像几十

个船夫划船，面上充满斗争的力量。歌曲有两种情绪是值得注意的：开首的紧张情绪，是船夫们渡黄河时和波涛挣扎的情形，他们唱"划呦冲向前"，"乌云遮满天……"，"浪花打进船"，"伙伴哪！睁开眼！舵手啊！拉住腕！……拼命哪！莫胆寒！""行船好比上火线，团结一心冲上前！"最后一段比较轻松一点。在他们没有渡过河以前，他们充满愉快与光明。经过他们一阵大笑以后，情绪已达到安慰和安心的境地，气也可以喘一喘了！

（二）《黄河颂》

是用颂歌的方法写的，大都带有奔放的热情，高歌赞颂黄河之伟大、坚强。由男高音独唱，歌带悲壮，在伴奏中可以听出黄河奔流的力量！

（三）《黄河之水天上来》

是一首朗诵歌曲，我用三弦作伴奏，歌词的内容全由三弦表达出，不是打鼓的伴奏方法，也不是普通的京调伴奏方法。欧洲有一种歌词与伴奏独立的歌曲，由曲作者沃尔夫（Wolf）的提倡而完成。但中国歌曲用三弦来伴奏而表达歌词的内容，又可独立成一曲的，恐怕是第一次尝试。三弦的调子里，除了黄河的波浪澎湃声外，还有两个调蕴藏着：一个是《满江红》，另一个是《义勇军进行曲》。但只有一点，而没有用全曲（这是由于曲调组织的关系）。

（四）《河边对口曲》

是用民歌形式（用山西音调）写的，最后三段二部合唱是用甲乙的主调配合起来的。三弦和二胡代表甲乙的对唱和合唱。还有，过门是比较轻松而有趣。唱的人宜用动作去帮助歌曲的传达，更觉生动！

（五）《黄水谣》

是齐唱的民谣式歌曲。音调比较简单，带痛苦和呻吟的表情。但与普通一般只是颓废不同，《黄水谣》里面还充满着希望和奋斗！

（六）《黄河怨》

代表妇女被压迫的声音，被侮辱的声音。音调悲惨缠绵，是含着眼泪来唱的一首悲歌。假如唱的人没有这种感情，听众必然没有同感的，而这应是值得注意的。

（七）《保卫黄河》

是一首轮唱曲，从两部起至四部轮唱。每一

保卫黄河

光未然 词
冼星海 曲
欣曲 制谱

1=C 2/4 稍快 有力地

i i 3 | 5 - | i i 3 | 5 - | 3 3 5 | i i 5 |
风在 吼， 马在 叫， 黄河在 咆哮！

6 6 4 | 2 2 | 5 6 54 | 32 30 | 5 6 54 |
黄河在 咆哮！河西山岗 万丈高， 河东河西

3 2 3 1 | 5 6 | i 3 | 5 3 2 i | 5 6 |
高粱熟了， 万 山 丛 中 抗日英雄真不

3 - | 5 6 | i 3 | 5 3 2 i | 5 6 | i - |
少， 青纱帐里 游击健儿 逞英豪！

5 3 5 65 | i i 0 | 5 3 5 65 | 2 2 0 | 5 6 | i i |
端起了土炮 洋枪， 挥动着大刀 长矛， 保卫家乡

0 5 6 | 2 2 5 6 | 3 3 5 6 | 3 2 i | i - |
保卫 黄河保卫 华北保卫 新中国！

《保卫黄河》歌谱

句开头都要有力，而且要健康地、乐观地唱出。这是全用中国旋律写的。到三部至四部轮唱时，内中有"龙格龙格龙"，是轮唱的伴唱，唱时要唱出风格才有趣。整个是非常有力和雄伟，一起一伏，变化无穷，只是要留意不停地把旋律唱出。

（八）《怒吼吧！黄河》

是一首四部的大合唱，里面有二、三、四部不同声部的组合。曲调是诚恳和雄厚，但充满热血和鼓励，是《黄河》一个最重要的主调。最后两句："向着全中国受难的大众，发出战斗的警号！向着全世界劳动的人们，发出战斗的警号！"要不断地唱三、四、五次，直至听众有了同感才转到结尾。最好用军号吹奏主调，用战鼓伴奏，更可表现"黄河"的伟大。它的怒吼启发着全世界的受难大众和劳动的人们。

《黄河》的作法，在中国是第一次尝试。希望爱护中国新音乐运动的群众给我一个指导，使我得了鼓励，更努力去创作。

救亡歌曲一贯表达的内容是：外族入侵给祖国和人民带来的深重灾难、坚强勇敢的中国人民不屈不挠的斗争意志、人民群众同仇敌忾保卫祖国的壮烈图景，等等。冼星海将这些内容浓缩为三个主题，即：人民的斗志和力量、民族精神的宽广崇高以及人民的苦难和斗争，放置《黄河大合唱》的一个序曲和八个乐章中，全曲的旋律都是围绕这三个主题展

开的。作品的"序曲"首先呈现了这三个主题：第一乐章《黄河船夫曲》重点表达人民斗志和力量；第八乐章《怒吼吧！黄河》用人民的苦难衬托斗争的主题；中间的六个乐章则是这三个主题的交替表达。八个乐章虽然彼此侧重的内容不同，但因为同是从救亡的主题出发，内容上前后连贯，彼此补充，所洋溢的情感也是层层递进、层层高涨，直到全曲的终结，情感和情绪都被铺排到最高点。整个作品章章相扣，一气呵成，连贯流畅。

《黄河大合唱》的各个乐章虽然在表达的内容上有重合的地方，但在艺术创作上却具有相当的独立性。这一个序曲和八个乐章以朗诵和背景音乐串联起来，彼此之间无论在所表达的情绪、所凸现的艺术形象以及表演形式上都有很大的不同。就形式来说，一部《黄河大合唱》包含了男声独唱、女声独唱、朗诵、齐唱、多声部轮唱；就曲调来说，整部作品借鉴了民歌、民谣、颂歌等多种表现方式。不过即便如此，作者仍力图保证整部作品在风格、结构方面的内在

现代版《黄河大合唱》演出现场

统一性，使这个庞大的作品在逐章演出时具有各自的音乐风格，而整合起来演出时又能浑然一体，连贯自然。

这部作品在延安创作时囿于当时的物质条件，配器和和声都处理得比较简单。到苏联后，冼星海重新对其进行了修改，丰富了原作中的合唱声部，并以大型交响乐队的编制重新配器。正是由于这部作品在内容上鲜明的时代性，在形式上大胆的创造性，为其在中国现代音乐史上留下了无可替代的一页。

冼星海随后创作的《九一八大合唱》虽然影响力不如《黄河大合唱》，但在形式和技巧方面都有不少的创新，比如加入了中国的打击乐器，而且对演唱者的技术和修养也有一定要求。冼星海在自己的创作杂记中说："它的内容和形式却和其他的大合唱不同，或许比《黄河大合唱》更统一些。这里面除却第三段的女声独唱外，都是男女混声合唱。在五段的合唱当中每段都有合唱的性质，易于普遍到民间去。这大合唱还有一个特点，是利用中国打击乐器和其他中西乐器作伴奏；大半以延安所有乐器为限，这些乐器我们都尽力搜集用在里面。在旋律、节奏、和声方面，作者谨以尝试的态度去探求，不敢说有什么贡献……"事实上，一些懂音乐的人对这首合唱曲都非常推崇。

第 五 章

莫斯科之行

一、滞留西安

　　1940年5月，冼星海受中共中央委托，为延安电影团拍摄的纪录影片《延安与八路军》的后期制作远赴苏联，同行的还有剧作家袁牧之。当时只有国民党政府是国际上承认的享有国家主权和外交关系的政府，因而冼星海一行必须先到西安办理出境手续。1940年，抗日战争正在如火如荼地展开，日本因为无法短时间占领中国而日益加强对中国城市的空中打击力度；国共两党虽然早已达成共同抗日的协议，但双方并没有如协议所说精诚合作、坦诚相待，国民党尤其担心共产党借抗日之机发展自己的力量，因而对解放区的封锁和"围剿"也从未懈怠。作为中共党员，文艺界的知名人士，要取道国统区赴苏联，其困难可想而知。为了隐藏身

> 〉历史文化知识〈

〔袁牧之〕

　　袁牧之（1909—1978年），中国电影演员，编剧，导演。原名袁家莱。浙江宁波人。读中学时就参加戏剧活动。1930年从大学辍学，投身戏剧事业，主演过话剧《五奎桥》、《回春之曲》等。1934年入电通股份有限公司，编写了剧本《桃李劫》，摄制时他担任主演，获得成功。该片是"五四"以后优秀影片之一。1935年，他自编自导自演了中国第一部音乐喜剧片《都市风光》。此后转入明星影片公司，与陈波儿合演了《生死同心》。1937年，他编剧、导演的《马路天使》上映，在艺术手法和思想内容上都取得了很高的成就，被誉为"中国影坛上的一朵奇葩"。1938年，他主演《八百壮士》。同年赴延安，负责组建延安电影团，并开始拍摄《延安与八路军》。1940—1945年他在苏联学习、考察并参与拍摄影片。1946年回国，参与接收"满洲映画株式会社"和建立东北电影制片厂的工作。1949年3月调至北平（今北京），筹建中央电影局，并任局长。

袁牧之剧照

份，隐蔽行程以避免不必要的麻烦，冼星海和钱韵玲商定以 "黄训"为化名。"黄"用冼母黄苏英之姓，"训"用钱母王德训名之最后一字。

"鲁艺"音乐系的同学们得知冼星海要去苏联的消息后强烈要求他再为同学们讲一次课，冼星海欣然答应了。他讲授的内容便是后来集成文章的《我学习音乐的经过》。一连三个晚上，冼星海将他在异国他乡艰苦的求学过程，自己对音乐的理解，对自己作品的评价以及政治理论修养对音乐创作的影响等问题娓娓道来，最后一次几乎讲到了天明。学生们也一连三天不知疲倦，听得津津有味，把小小的窑洞挤得水泄不通。不用说，他的演讲给了学生们莫大的鼓励。

1940年5月13日，冼星海一行到达了西安，由于战事吃紧，西安空防不断，加上到了雨季，连日大雨，出行的日程久久不能确定。

在西安，有八路军驻西安办事处接待冼星海，他的生活比较有规律。一日三餐，早上大米稀饭，油炸馒头，中饭和晚饭都是大米，每天有肉有菜。这样的饮食标准比延安要好。刚到西安的时候，冼星海除了有事去城里逛逛，其他时间都在房间里看书休息。待的时间久了，又不知何时才能动身，便逐渐规范地安排自己的生活。每天他都有充分的时间看书，下午打排球，又学打纸牌，晚饭后偶尔和朋友们玩玩。办事处有很好的俱乐部，安排时间给大家娱乐，常常有球类比赛，冼星海爱好运动，每次比赛都热心参加。中共的高层领导人或者资历深的老同志偶尔到访，会给这些旅居西安的同志们开个座谈会，每次会后，冼星海都能从与他们的谈话中得知重庆或延安的消息，也常常托他们带书信给家人。另外，冼星海也开始学俄语，生活充实，并不寂寞。最大的遗憾是西安常常有防空警报，若是一天躲三四次防空洞，那什么书都看不成了。

　　身处西安，没有具体的工作要做，不需要排晚会，不需要教书，不需要教业余组织唱歌，因为不知道何时动身，甚至也没有制订写作计划，这样的悠闲时日是最好的阅读时间。这段时间冼星海读了很多政治理论书，他写信给钱韵玲，要她加强政治学习，因为政治的基础是每个艺术人才必须具备的，他希望钱韵玲能彻底了解马克思主义并且学会运用，等他回国后两个人可以"互相讨论！互相研究！"他叮嘱钱韵玲看的书刊包括《论共产党》《唯物史观》《辩证法唯物论教程》《中国文化》《解放》《联共党史》《什么是马列主义》《中国革命运动史》《社会科学概论》，等等。冼星海始终认为他与钱韵玲结合的前提是两个人一样地向着共同的革命事业迈进。因而，除了不断地鼓励钱韵玲学习政治理论，冼星海还格外提醒她读书要做笔记，每天要写日记，要接近思想进步的同志，还要坚持画画和作曲，最要紧的是自觉地向党组织靠拢，解决组织问题。冼星海虽然也疼爱女儿，但是仍然叮嘱妻子不要为了女儿而放弃学习和读

书，可以在托儿所卫生条件良好的情况下送孩子去，也可以让政治部帮忙找个小鬼来帮助照看……总之要钱韵玲多参加集体活动，多接近群众，多做公众的事，时时记得牺牲自己的利益为大众服务。

虽然身处西安，冼星海时时惦念在延安的妻女，很担心她们的生活。他总是写信交代钱韵玲生活若有困难应该找些什么人，写信给谁去要稿费，一笔一笔都记得非常清楚。比如写于1940年6月6日的家信中提及生活有困难时可以写信给当时中共中央军委总政治部秘书长彭加仑，还可以请马可整理他的《指挥法》，寄给光未然出版或者交生活书店，也可以交周扬或交读书生活社，这样至少会有150元稿费；还可以让李绿永直接寄付至少200元的稿费；另外《我学音乐的经过》《民歌研究》《音乐概论》等文章以及许多新歌都可以请马可代为整理编成书籍出版，这样也可以有150元左右。有了这些钱，她们母女在延安的生活应该不成问题。冼星海的食宿由办事处代理，但西安物价很高，他身上的余钱又不多，所以虽然时时想着给妮娜买些玩具，给韵玲买些生活用品，却往往感觉有些捉襟见肘。在西安，冼星海也想办法找一些稿费，为了使妻女在生活上能改善一些，或者应付病痛。在他看来，这是他有必要的改善生活而不是浪费，更不是蓄财。然而一旦有了余钱的时候，冼星海又嘱咐钱韵玲："你如果有多余的钱的时候，你可买《解放》《唯物史观》及最近出版的《马恩论文艺》等书来看，还要捐一点给教职员会或学生会，养成互相帮助的习惯。如果我有稿费寄

来，也须捐十分之一给党支部，至紧至紧。我们要养成无产
阶级的习惯，这样一来，我们都会感到好过。"冼星海对待
钱财的方式一如他在巴黎留学的时候，只要有可能就愿意付
出，愿意帮助有需要的人。这是冼星海所理解的无产阶级的
方式和习惯，它不是所谓"大公无私"的空洞口号，而是实
实在在的由我及人。

　　冼星海也非常惦念自己的老母亲。自留学归来，除了
在上海让母亲享受了短短两年的天伦之乐，冼星海一直在外
漂泊，成家立业后又生活在解放区，和母亲遥遥相望。虽然
冼星海再度拜别母亲投身自己热爱的事业，使她的生活再次
陷入苦境，但冼妈妈是个明事理的老人，毫无留难之意，反
而支持和鼓励他。都说"儿行千里母担忧"，冼星海刚到武
汉，老人家怕儿子受冷，赶忙将冼星海的冬衣托人带去。为
了生活，冼妈妈几乎当掉了所有能当卖的东西，但始终舍不
得卖掉儿子唯一的钢琴。冼星海很理解母亲的艰辛，到延安
后定时给母亲写信寄钱，离开延安后也常常叮嘱妻子按时给
老母亲写信寄钱，也常写信托付党组织或者在上海的朋友照
顾老母亲。在离开祖国两年，好不容易与钱韵玲取得了书信
联系时，冼星海写道："妈妈生活不知怎样了？我怀念着她
如同怀念着你们一样，我深怕老人家生活又成问题！你是否
仍然每个月给她写信？我相信你一定做了。我记得我从前在
上海的时候，百代公司还欠我一些唱片的版税，而今已是四
年了。这笔钱积蓄起来亦不少，如果能想办法写信托上海友
人去代取，把钱交妈妈维持生活亦是一个好方法。你可记得

这一件事，不然老人家在上海是孤苦无靠的，怎样度过这样的生活呢？"在同时给母亲的信中，冼星海并没有提及自己早已远赴苏联，而是说自己一家都好，身体康健，心情愉快，请母亲放心。由于苏德战争爆发，交通和邮路中断，这是冼星海的最后一封家书。冼星海的早逝，令冼妈妈最终没能享受到革命胜利后儿孙绕堂的天伦之乐，甚至离世前都没能再见儿子一面……

其实，在中国民族解放的伟大事业中，英勇付出的除了投身革命的热血青年，还有他们慈祥无私的母亲。

冼星海以一个共产党员的标准来要求自己和妻子，而中央领导人也给予冼星海无微不至的关怀和鼓励。冼星海刚到西安，时任中共中央副主席的周恩来就送给他一双新皮鞋以备不时之需，八路军总司令朱德来办事处看望他时送给他一张自己的照片，这些细节都被冼星海写在家书中，成为冼星海及其家人最温暖的回忆。

由于行程迟迟未定，冼星海开始有计划地酝酿自己的创作。在1940年7月的一封家书中，他把创作计划告诉了妻子。他计划写第三、第四交响乐，也就是《民族解放交响乐》的后半部分；他还打算写交响诗，选中了艾青的《火把》。同时，他要求钱韵玲将他写的《牺盟大合唱》抄一份带给他，他想完成乐谱的配器；还要钱韵玲向周扬取回歌剧《滏阳河》的原稿，他想完成全部配器后用五线谱出版；另外，他要钱韵玲帮他搜集民歌小调，尤其是秦腔或者郿鄠调，以帮助他的创作。

钱韵玲托人带了五线谱纸给冼星海，冼星海的创作开始了。1940年8月冼星海写了两首新歌《杨柳枝词》和《竹枝词》，后来又写了《别情》和《忆秦娥》，这些古诗写的都是离别之情，他写这些歌也是为了倾诉自己与妻女的别离之情。冼星海将这些歌配上了和声，他努力利用京调和昆曲的方法，写得很细致。另外他开始写《七七》序曲，用他自己的话说，表现的是"新内容"和"新形式"，这是一支管弦乐队演奏的乐曲，冼星海对这首曲子充满期待，所以他非常用心。他还起首写了一个钢琴曲，名曰《素描》（croquis），完全使用中国古调，他对中国音乐的旧形式颇有兴趣，希望能够尽量利用旧形式的优良传统来创作中华民族所需要的音乐新作风。遗憾的是，《七七》序曲和《素描》的乐谱都没有留存下来。1940年的这个秋天，冼星海还起草了第一组曲《后方》，这部作品最初只是钢琴演奏曲，试奏之后效果很好，有人建议他改编成管弦乐曲，它的最终完成是在1941年春的莫斯科。

　　和所有看重自己作品和声誉的艺术家一样，冼星海非常关心自己作品的影响和读者听众的意见。他写信告诉钱韵玲自己在西安看到了当时影响很大的音乐杂志《新音乐》，第五期里收录了他的《生产运动大合唱》（第二幕）、《九一八大合唱》的"序"；还有黄河出版社出版的《抗战歌曲集》收了他创作的包括《春耕大合唱》（旧《拉犁歌》）和《黄河大合唱》的许多歌；《音乐季刊》在上海印出了五线谱的《黄河大合唱》等。他请钱韵玲有空要留心关

于他作品的一切消息，尤其是在各种报纸和音乐杂志上的批评。他还关心自己走后延安歌咏运动的情形怎样，他写的歌曲是否依然流行着，以及新到延安的文艺界人士包括茅盾对他作品的评价如何。之所以这么在意别人的评价和作品的影响是因为这些给予冼星海前进的动力。

冼星海离开延安后，他的《黄河大合唱》仍然是盛大的欢迎会或者纪念会的保留曲目，茅盾在延安听到的《黄河大合唱》就是冼星海离开后由他的高足指挥的。在《忆冼星海》中，茅盾详细描述了听合唱的感受："那一次我所听到的《黄河大合唱》，据说还是小规模的，然而参加合唱人数已有三百人左右；朋友告诉我，曾经有过五百人以上的。那次演奏的指挥是一位青年音乐家，是星海先生在'鲁艺'音乐系的短短时期内训练出来的得意弟子；朋友又告诉我，要是冼星海亲自指挥，这次的演奏当更精彩些。但我得老实说，尽管'这是个小规模'，而且由他的高足代任指挥，可是那一次的演奏还是十分美满；——不，我应当承认，这开了我的眼界，这使我感动，老觉得有什么东西在心里抓，痒痒的又舒服又难受。对于音乐，我是十足的门外汉，我不能有条有理告诉你：《黄河大合唱》好在哪里。可是它那伟大的气魄自然而然使人鄙吝全消，发生崇高的情感，光是这一点也就叫你听过一次就像灵魂洗过澡似的"。冼星海在西安听说延安演唱了他的《黄河大合唱》，还担心自己不在效果不好，但从茅盾的描述中可以看出这种担心完全是多余的。

冼星海把自己看作人民的一员，延安的一员，他认为他的作品理所当然也是延安的。他曾叮嘱钱韵玲要把《黄河大合唱》的原稿保存好，因为这部作品全国风行，担心外边的（不同政治立场）商人乘机牟利；也担心太多书店印行《黄河大合唱》而使他们的合作书店——生活书店利益受损。冼星海也非常爱惜自己的声誉，他的文章交给编辑若要增加字句一定要征得他的同意。《新音乐》每次用稿都没有通知他，更没有征得他同意，但是《新音乐》销路广泛，可以扩大作品的影响而且内容也相对进步，因而他请妻子和当时"鲁艺"的院长周扬提议，请周扬代表"鲁艺"同《新音乐》签署合作协议以维护作者的合法权益。而对于那些为了牟利而不惜损害作者声誉的出版人，冼星海都会不客气地指出，他断然反对有人决计出版《星海大合唱选集》；此外当他得知《每月新歌》（桂林）未经作者同意就刊载了《黄河大合唱》时，便决意登报声明以捍卫自己的声誉。

在延安的时候，冼星海很有些文人气，性格倔强。离开延安后，他写信给钱韵玲说："对一切人都要和气和谦卑，并且要虚心，以前我和你都没有做好。我们现在的确要好好地做人、好好地做事和不断地学习，因为我们是有责任去干一番事业的。"冼星海热爱自己献身的事业，在西安时他收到了四川发来的电报，请他去当教员，并且开出月薪180元的高价，但他拒绝了，他对钱韵玲说："我不是用钱买得动的，不理他是对的。因为艺术家有他自己的人格，也有阶级性和党派性的。我是不容被人动摇的，你也是一样。如不然，我们的艺术是为着什么？……假使我们了解我们的目标和路线，我们永远是快乐的。我们要时刻站在民众面前，替民众谋利益的。"

冼星海在西安读书、写作、打球，也做好随时出行的准备。在滞留西安近半年后，他终于在1940年10月19日离开，10月22日抵达兰州。在兰州有停留了近半个月后，他又于11月10日左右取道新疆赴苏联。冼星海此行是公开去新疆考察，坐的又是苏联的飞机，当时新疆掌控在军阀盛世才手中，他为了维护对新疆的统治权也推行"反帝""亲苏"和"与中国共产党合作抗战"的政策，因而冼星海一行终于能够相对顺利地去苏联了。

二、异国曲风

冼星海一到莫斯科，就积极参加苏联音乐界的活动，争取一切机会学习苏联音乐的经验并且向苏联同行们展示中国新音乐的成绩。

在音乐大学的大礼堂里，冼星海结识了苏联音乐家穆拉杰里，他向穆拉杰里简要地介绍了自己的求学经历，自己对中国新音乐的理解以及自己已经创作的部分作品，并且道出了此次苏联之行的目的："更进一步认识伟大的俄罗斯古典音乐和苏联作曲家的创作，研究你们在建设民族形式和社会主义内容的新音乐文化方面积累的丰富经验。"几天之后，一个由冼星海和穆拉杰里、格利埃尔、卡巴列夫斯基等苏联作曲家参加的座谈会召开了，会上冼星海为苏联同行们弹奏了他创作的几首群众歌曲和《黄河大合唱》，这些作品赢得了在场音乐家的一致好评。穆拉杰里之后这样评价冼星海："他很有把握地掌握了复音音乐，使他能够克服中国调性的狭窄的圈子，并创作出雄壮的合唱插句，包含着动作和情绪的表现力……"并且认为冼星海是中国第一位掌握了现代作曲技术的全套工具，并利用西洋写法在中国民族的基础上创作出大幅音乐作品的作曲家。

在莫斯科，冼星海完成了第一组曲《后方》。这部作品依然延续冼星海在国内的创作风格，融入了许多民歌小调的元素。《后方》有四个乐章，第一乐章采用广东调《饿马摇铃》的曲调，描述后方养

莫斯科红场

马练兵的情形，音乐谐谑有趣；第二乐章以蒙古歌为基础，描述后方民众辛勤劳动，曲调婉转悠长；第三乐章由四川地区的《耍龙灯》构成，内容与第二乐章相近，但曲调活泼，加入了中国打击乐器的特色；第四乐章又由广东调《双飞蝴蝶》组成，特别利用了木管乐器，节奏欢快，预示胜利。

1941年6月22日，《后方》尚未最终完成，苏德战争爆发。凌晨四点，冼星海等人被叫醒去听莫洛托夫发表全国动

员令。在动员令中，莫洛托夫代表苏维埃最高主席团，向全体苏维埃社会主义共和国联盟的公民们宣布，德国政府已于当日凌晨正式向苏联政府宣战。因此，从6月23日起，在苏联全境除中亚、外贝加尔和远东军区以外的十四个军区，对1905—1918年出生的有服兵役义务的公民实行紧急动员，并在苏联的欧洲部分实行军事管制。冼星海听到这个动员令，回到自己的房间，心情久久不能平静。在随后的几天，莫斯科空袭警报不断，德国的飞机炸中了莫斯科的部分民房、医院和学校，令许多无辜的人无家可归。冼星海的《后方》标题虽然是中国组曲，但在战火的洗礼下，作品蕴含了世界反法西斯战争的内容。

德国的炮火和苏联红军的英勇抵抗激发了冼星海创作第二交响乐的热情，他认为"为着人类的正义感，我应该写一部作品反抗德国法西斯的背信弃义、侵犯和平正义的苏联……"然而一连几天，莫斯科城内空袭警报不断，人心惶惶，冼星海时而跟着躲警报，时不时紧张地四处打听战争的消息。作为一名共产党员，他迫切地希望能够和苏联红军一起作战，然而安置他们这些中国共产党党员的命令始终没有下，他在漫长的等待中度日如年。

几天之后，冼星海应邀到共产国际［即第三国际（1919.3—1943.6），总部设在莫斯科］办公厅去见季米特洛夫。然而连着三天，刚一出门就听到了防空警报，冼星海不得不躲在就近的防空洞里，一躲就是大半天。第四天他终于利用防空警报的间隙走走停停，迂回曲折地来到了共产国际。季米特洛夫接见冼星海是为了向他说明，苏德战争的爆发干扰苏联人民的正常生活以及苏中两国多项文艺工作的协作，为了保障和冼星海一样的旅苏艺术家在战争期间的人身安全，共产国际决定将他们转移到安全地带。临行前，冼星海向季米特洛夫汇报了自己打算创作反映苏联卫国战争的作品，以歌颂在共产国际的领导下，苏联及盟国对抗法西斯英勇无畏的战斗。季米特洛夫建议他说这部作品应该写给斯大林和苏联红军，而不是共产国际。季米特洛夫的建议让冼星海明确了他的创作主题。

告别共产国际时，又一次空袭警报响彻天宇，冼星海被送进一个稳固的防空洞里躲避。当晚，德国飞机发动大举空袭，冼星海整夜没有合眼，他靠着防空洞的墙壁，外边是不绝于耳的飞机呼啸声、炮弹爆炸声，他的脑子飞快地旋转，乐思源源而来。他想在作品里描述德国法西斯的残暴和苏联红军的正义之战。天亮了，空袭结束了，冼星海乘汽车回宿舍，一路上断壁残垣、街市颓败，无家可归的市民蜷缩在街角，遇难者的遗体还没有得到清理。冼星海回到宿舍，宿舍楼还在，可宿舍早已一片狼藉，门窗全都被震碎，玻璃碎屑到处都是，楼顶和楼前的空地都曾被燃烧弹击中，几束火苗仍在晨风中跃动。往日生机勃勃的莫斯科如今已经面目全非。冼星海睹此惨状，心潮澎湃，久久难以平复。第二交响乐的旋律仿佛呼之欲出，然而炮火之下没有一张宁静的书桌，写作迟迟不能动笔。

1941年10月，冼星海和袁牧之遵从共产国际的安排，

乌兰巴托

转移到蒙古人民共和国首都乌兰巴托，在蒙古，他改名为孔宇。刚到蒙古，冼星海住在离乌兰巴托几十里的一座山里。在这里，他远离战场也远离祖国，每天呼吸着山里宁静的空气，心里却常常感念战场的硝烟和千里之外的妻女。早晨他迎着朝阳，听飞鸟歌唱，看牛羊遍野；傍晚他沐着晚风，看繁星点点，听夜虫低鸣，感念世界之大，归途之遥。这种种心境凝成了他的第二组曲《牧马词》。

《牧马词》于1941年10月起草，11月14日完成，共四段，除了第四段借用了察哈尔古歌，其他三段都是利用乌兰巴托的民歌写成的。《牧马词》原是乌兰巴托民歌，歌中唱道："早起的太阳才上山岗，马儿的身上都染红光，马蹄儿踏的是隔夜霜，走遍了沙场沙不扬。黄昏的太阳才进山岗，马儿的身上都染红光，马蹄儿踏的是野花香，走遍了草场草精光。"歌词所蕴含的诗意与冼星海当时的心境产生共鸣，于是他以慢板开始，描写草原风情，然后吸收蒙古民歌的节奏表达蒙古人民的热情、勇敢、旷达，最后以快板显示蒙古人民的力量和伟大前途。冼星海对蒙古民歌的旋律很着迷，

《牧马词》是他使用异国曲调进行创作的尝试。这个组曲当时只完成了钢琴谱，总谱迟迟没能完成。但就钢琴谱而言，旅蒙的苏联音乐家西米诺夫试奏后感觉很好，认为这部作品"很雄壮，魄力很大"。

1942年春，冼星海、袁牧之一行人经组织介绍，来到了乌兰巴托的中国工人俱乐部。中国工人俱乐部是旅蒙华侨的群众性组织，于1930年成立，最初在"赤色职工国际"的领导下，后来归蒙古工会中央理事会直接领导。它是当时侨居乌兰巴托的华侨们唯一的文化娱乐中心，俱乐部设有文教组、戏剧组、音乐组、体育运动组等部门。他们刚到中国工人俱乐部的时候，一个个面色苍白，头发长而乱，身上穿着沾满油污的蒙古式旧棉衣和旧毡靴，仿佛是经历过长期监狱生活的折磨，以至于当时在俱乐部工作的许多同志都误以为他们是为避战祸越境到蒙古的普通中国老百姓，弄清是非后又被蒙古政府释放了。

俱乐部的负责人经过研究讨论后为他们安排了工作，冼星海担任音乐组教员，袁牧之任戏剧组导演，衣食住行等生活事宜也都一一作了安排。在俱乐部，冼星海又重新开始了他的教书生涯。第一次上课，冼星海用小提琴为学员们演奏了贝多芬的《米努哀》，娴熟的技巧，投入的神情，美妙的音乐令学员们着迷。然后他对各位学员依次进行了技术测验，同时了解了音乐组的乐器情况，然后因地制宜地制订了作业时间表和工作计划。俱乐部有架钢琴，陈旧不堪，据说还是沙皇时代住在蒙古的一位俄国商人的遗产，俱乐部请专

人修理好放在冼星海的宿舍里为他备课时用，就这样，音乐组的工作有声有色地展开了。

很快，冼星海谱写了《中工俱乐部部歌》，随后蒙古人民共和国组建志愿军，他又写了《志愿军之歌》和《乌兰巴托的一天》。在俱乐部，冼星海还排练了他的《黄河大合唱》，演出的时候他亲自指挥，场面空前，也创造了俱乐部的历史之最。这次演出也使蒙古音乐界认识了冼星海和中国新音乐，从那以后，蒙古中央剧院乐队的达木丁苏伦、马戏院乐队的莫尔道尔吉，以及旅蒙的苏联音乐家西米诺夫等人都成为冼星海经常切磋音乐的挚友。蒙古中央剧院举行音乐会，冼星海也常常作为嘉宾应邀演出。在一次蒙古中央剧院举行的音乐会上，冼星海应邀指挥蒙古中央剧院交响乐团，并且演出了小提琴独奏《乌兰巴托的一天》，博得满场喝彩，交响乐团的艺术家们纷纷赞扬冼星海"蒙德格空"（即"了不起"）。

《乌兰巴托的一天》实际上是冼星海创作的第三组曲《敕勒歌》的前半部分。1942年春冼星海在完成了第二组曲《牧马词》后开始动笔创作，全曲共有五段，其中前两段在1942年3月就已完成，并且公开演奏。后面三段因为教学任务较多，直到同年12月转赴阿拉木图后才最终完成。因为生活总有变动，这个组曲最终完成的只是钢琴谱。《敕勒歌》的创作动机源于冼星海和茅盾第一次在西安会面时的谈话，冼星海向茅盾提及自己关于《民族解放交响乐》的想法时，茅盾谈到了朝鲜卑民歌《敕勒歌》。冼星海看着眼前的乌兰巴托，常常会与古歌中那"天苍苍，野茫茫，风吹草低见牛羊"的壮丽景观重叠，所以他特地用《敕勒歌》作为标题来描绘和纪念乌兰巴托的一天。

第三组曲《敕勒歌》第一段用小行板描述乌兰巴托的早晨空气清新，阳光明媚，旋律清静幽雅，从头至尾用乌兰巴托的主调陪衬。第二段快板，描述乌兰巴托的工人早上起来开始一天的工作，旋律愉快轻松，采用乌兰巴托歌曲《我们的党》中的节奏。第三段中板，描写乌兰巴托农牧民辛勤的工作，音调悠闲带有牧歌风格，虽然是东方情调但不是乌兰巴托本地的民歌，有低音伴奏模仿八弦琴。第四段谐谑地描述蒙古新女性和儿童的生活，木管乐器奏出主调。第五段慢板，描述乌兰巴托宁静的生活，主调借用乌兰巴托民歌《树荫之下》。

冼星海在乌兰巴托的生活紧张充实而有规律。每天早晨六点钟起床，然后洗漱、运动、练小提琴，早餐后上班，晚上下班后写作直到深夜。在蒙古时，冼星海的物质生活比较艰苦。当时蒙古全国实行配给制，仅能保障基本的生活需要，想要置办一套登台演出或是参加外事活动的整齐服装都非常困难。冼星海演出时的服装是他周围的热心人把自己保存的衣物或赠送或低价转让或临时出借拼凑而成的。冼星海也感念俱乐部同仁的厚爱，在离开乌兰巴托之前为朋友们留下些纪念品。他给当时俱乐部艺术主任、中国驻蒙古首任大使吉雅太（当时化名"王西"）在米黄色的丝绸上写了一幅瞿秋白的《赤潮曲》；给好朋友王仲威录了

首李白的《静夜思》以慰客途寂寞；还给刚到俱乐部时的同屋室友留下了一部自己整理的教学资料《乐理初步》。1951年，大使馆请俱乐部的同志们搜集冼星海在乌兰巴托的材料，这些纪念品作为冼星海的遗物经大使馆交送回国。冼星海使用过的钢琴也于1954年中央乐团到蒙古访问演出时作为纪念品运回国内。

1942年秋末冬初的一天，冼星海为音乐组的学员们上音乐理论课，快下课时他在黑板上写了一句话，"学习，学习，再学习"，然后带着惜别的心情叮嘱学员们要继续好好学习，他还说大家都对他很好，令他非常感动。学员们很诧异，问他为什么，也许是他不便明说自己的去向，也许是他自己也对前途不甚明了，冼星海没有回答。第二天学员们便发现冼星海已经离开了乌兰巴托，不知去向。

1942年12月9日，冼星海抵达阿拉木图，转移至阿拉木图附近的一个疗养寓所。寓所的设备很好，四周林木环绕，空气清新。1943年1月2日，冼星海开始正式动笔创作第二交响乐《歼灭》，同年10月19日完成全部乐队总谱后迁回城里居住，音乐家布尔克提议将第二交响乐改名为《神圣之战》，并助以俄文解释"这部交响乐是献给与爱好自由的英美人民结成联盟的苏联红军，他们正从'黑色的瘟疫'中把被奴役的国家和人类解放并拯救出来"。因为这部作品描写的是世界反法西斯战争，作品的主调和节奏融合了苏联、德国和英美等国的曲调。描写德国发动战争的凶残和最后失败的结局时使用的主调是德国的老调；描写苏联红军时主调选自《国际歌》；描述盟军协同作战时，章法结构中还可听出英美的曲调。整部作品激昂奋进，通过音乐记载了苏联从奋起反抗，到英勇作战、收复失地，最终同盟军一起发动反攻，解放欧洲，取得世界反法西斯战争胜利的全过程。

1943年4月1日，冼星海开始起草他的第四组曲《满江红》，5月16日完成了全部配器。这部作品是毕雅柯夫委托冼星海为阿拉木图无线电台播音而作的。当时，中国的抗日战争已进入后期，冼星海选择《满江红》作为标题和主调表达了中国人民将战斗到底的决心。全曲分为三段：第一段柔板，主调为《满江红》，喻示中国人民的顽强斗争；第二段小快板，喻示有生命力的中国不会被灭亡；第三段小行板，写中国胜利在即，中华民族在斗争中成长。第四组曲全长约二十分钟，反响不错。

第四组曲完成之后，冼星海身体状况大不如前，他本想写个钢琴协奏曲，但时常头晕，脚也肿了。为了维持生活调养身体，他把以前的旧作加以配器，命名为音画《中国生活》。这部作品分为四段：第一段慢板《在河上》，用的是旧作《疍民歌》，以双簧管独奏代替了从前的女声独唱，配器方面也与从前大不相同；第二段《耕耘》，以法国号领奏旧作《拉犁歌》；第三段小快板《青年苦力们进行着》，以小号领奏旧作《顶硬上》；最后一段慢板《中国农村之夜》，用的是第一组曲《后方》中的第二段《催眠曲》。1943年8月，当时居留阿拉木图的苏联著名作曲家波波夫看到了这部作品，给予了很高的评价。

　　1944年，冼星海被派去苏联哈萨克共和国库斯坦那伊筹建音乐馆，1月22日动身。在阿拉木图火车站，经库斯坦那伊艺术管理局的代表介绍，他结识了青年音乐家科伊什巴耶夫。在这次音乐馆筹建工作中，冼星海担任作曲，科伊什巴耶夫担任音乐馆艺术指导，同行的还有芭蕾舞指导和独舞演员。1月30日，冼星海一行抵达库斯坦那伊，被安排在十月大街44号的旅馆里。

　　要建立音乐馆首先要在民间招募一批有音乐才华的歌唱演员、舞蹈演员和器乐演奏者。冼星海一行安顿好行李之后就马上展开了选拔的筹备工作，并且很快就从推荐人选中选出了他们想要的演员，然后立刻开始着手排练。工作在顺利进行，然而库斯坦那伊的物质生活比阿拉木图还要艰苦。食堂虽然配发饭票，但是没有早晚餐，营养品只够三四天的粮食，还只有在月底才能领到。冼星海所得的薪水很少，有时还得把自己的衣物等贵重物品拿去当卖，每天都得为食物发愁。即便如此，冼星海仍以过人的精力投入工作，1944年3月19日，不到两个月的时间，音乐馆便正式揭幕了。新音乐馆在揭幕盛典结束后举行了盛大的音乐会，冼星海不仅是音乐会的组织者，还亲自登台演奏了他的小提琴，博得满场喝彩。毋庸置疑，这场音乐会也获得了圆满的成功。

　　在筹建音乐馆期间，每当排练之余，冼星海总是请当地的歌手演唱哈萨克民歌，自己则认真地记录。多年的音乐训练练就了冼星海敏锐的听觉，他无需借助任何一种乐器，也从不为难演唱者重复演唱，总能一次完成记音工作。在库斯坦那伊，他写了十多首哈萨克歌曲，大多都来自他记录的民歌配以新的和声。

1944年2月，在库斯坦那伊的饥寒交迫中，在嘈杂的旅馆里，冼星海还以中国的诗词写了十首歌曲，其中包括马致远《古词》、李清照《小令》、柳宗元《渔父词》等古体诗词和殷英《牧牛歌》、蒲风《摇篮曲》等现代新诗。这些作品是冼星海希望将民歌和诗歌融合以创作更符合中国民众审美趣味的作品的尝试。

还在阿拉木图的时候冼星海就计划写交响诗《阿曼盖尔达》，阿曼盖尔达是哈萨克斯坦西北各省民族解放运动的领袖，46岁时被阿拉什匪帮杀害，哈萨克人民将其看作是自己民族的英雄，每年他的忌日都会举行纪念活动。1944年2月抵达库斯坦那伊后，冼星海便重拾草稿，夜以继日地开始了他的创作。这部作品原本是想写给交响乐队演奏的，但是当时正值苏德战争，库斯坦那伊没有乐队，考虑到这部作品的演奏效果，冼星海决定将其写成钢琴和提琴的合奏曲。库斯坦那伊的物质条件实在艰苦，除了缺乏保障身体正常工作的营养品，也缺乏辅助音乐创作的基本乐器，甚至连五线谱纸也需要冼星海自己动手在白纸上画，那段时间，科伊什巴耶夫几乎成了帮他画谱纸的"采办员"。除此之外，冼星海还有筹建音乐馆的工作以及很多慰问演出的任务，创作基本只能利用业余时间。但是他不怕物质条件艰苦，不怕身体疲弱，不怕日常工作劳累，始终坚持创作这首交响诗，唯一的动力就是要把这部作品献给6月17日的阿曼盖尔达纪念音乐节。

听说冼星海正在克服重重困难为哈萨克的人民英雄阿曼盖尔达创作交响诗，库斯坦那伊音乐家协会的负责人非常感动，他们尽自己所能帮助冼星海顺利写作。在音协的工作人员米哈伊洛娃和当地教师萨奇耶夫娜的协调下，从5月份开始冼星海申请到了食堂的早晚餐，而且不用再参加集体的慰问演出。功夫不负有心人，这部作品终于在6月10日完成了。完成之后，当地音乐学校的校长冲丘克又将乐谱抄写整齐开始排练。纪念阿曼盖尔达的音乐会将在6月17日举行，但冲丘克却认为这部交响诗是无法公演的，因为时间太短，作品太复杂，钢琴伴奏者又缺乏高超的技术，但冼星海仍然坚持排练。17日早上，这部作品仍在排练，当地最高领袖、苏维埃哈萨克最高委员会委员、库斯坦那伊执行委员会主席基里姆巴耶夫带着当地艺术管理局的局长和书记一行前来观摩。演奏结束后，基里姆巴耶夫热情地走上前去和冼星海握手，他非常感动，也很好奇，一个中国音乐家怎么能把哈萨克民族内心的感情表达得这么传神。米哈伊洛娃提议这部作品一定要在纪念音乐会上公演，于是，冼星海潜心创作四个多月的交响诗《阿曼盖尔达》终于在当晚的库斯坦那伊剧院公演了。

为了写好这首献给哈萨克人民英雄的作品，冼星海创作时常常听哈萨克民族音乐，也常常请科伊什巴耶夫用哈萨克民族乐器冬不拉弹奏不同作曲家的各种类型的作品。听的时候他发挥了自己出众的听觉特长，创作的时候他努力汲取哈萨克民族音乐的营养。因而，这部作品一经演奏便博得了全场的喝彩，获得当地民众的认可。冼星海原本就在演出中演奏提琴，之后应观众要求又作为作曲家一再谢幕，雷鸣般的掌声经久不息，音乐馆的同事们也纷纷上台来与他握手致意，那个晚上冼星海感到无比的幸福。为了表彰冼星海的创作，当地政府奖励了他一公斤最好的牛油、一公斤多的鸡蛋和一公斤多的香肠，米哈伊洛娃个人送给他最好的香烟，并且帮助他解决了一些生活问题。在那个物质匮乏营养品奇缺的年代里，这是最好的鼓励！

三、魂断莫斯科

长期的营养不良和超负荷的工作令冼星海的身体异常疲弱，1944年底，冼星海再一次病倒了。连续几天的高热不退令库斯坦那伊的医生们束手无策，唯一的办法便是将冼星海送去莫斯科接受更好的治疗。

1945年春，冼星海回到莫斯科，他虽然此前在莫斯科住过一段时间，但仍是人生地不熟，俄语也说得不太清楚。在听说莫斯科的外文出版社能找到中国同志后，一下火车的冼星海便直奔出版社的中文部，在那里，他遇到了李立三。李立三和冼星海原本素不相识，但当他了解到冼星海的艰难处境后便主动帮忙。冼星海离开延安时组织上关照他由共产国际接洽访苏事宜，但此时共产国际已经解散，冼星海的合法身份都成问题。李立三建议他找红十字会重新补办手续，在冼星海找到接洽单位之前就住在李立三家。

> 历史文化知识 <

〔李立三〕

　　李立三（1899—1967年），原名李隆郅，湖南醴陵人，曾任中国共产党实际最高领导人，中国政治家，中国工人运动领袖。1919年赴法国勤工俭学，1921年回到中国后加入中国共产党。分别在武汉、上海和广州进行工会活动。其中在1922年安源大罢工中任罢工总指挥。1925年五卅运动中李立三再次任罢工总指挥。从1927年起任中共中央常委，1930年任中共中央秘书长。在他出任中央主要领导期间，推行较为激进的"立三路线"。《关于若干历史问题的决议》说他在1930年6月至9月犯了"左"倾路线错误。1931年被派到苏联学习，曾任中共驻共产国际代表团成员兼中华全国总工会驻赤色职工国际代表、共产国际工人出版社中文部主任、《救国时报》主编。1945年当选为第七届中共中央委员。1946年回国，历任军调部东北三人小组成员、中共中央东北局委员、敌工部部长、城工部部长等职。1948年任中共中央东北局职工运动委员会书记、中华全国总工会副主席、党组书记。中华人民共和国成立后，历任中央人民政府委员、政务院政务委员、劳动部部长。1955年后，任中共中央书记处第三办公室副主任、中共中央工业交通工作部副部长。1960年任中共中央华北局书记处书记。是中共第四至八届中央委员，第六届中央政治局委员，第三、四届全国政协常委。在"文化大革命"中受迫害，于1967年6月22日服安眠药自杀。1980年3月20日中共中央宣布对他进行改正错划。

　　李立三的夫人李莎是俄罗斯人，热情好客，他们夫妇在地上铺了一床薄薄的褥子将就着，把自己的床让给了客人。李莎回忆说冼星海很谦逊懂礼，谈吐文雅，在家里最喜欢和他们一岁多的女儿英娜玩耍，不是抱着她逗她笑，就是和她捉迷藏。李莎说："看得出来，他是很爱孩子的，每当他把小英娜抱在怀里，脸上就会流露出善良、温柔的微笑，平时的愁容也变得开朗起来。"也许李莎不知道，冼星海抱着小英娜的时候，一定想着自己远在延安的女儿妮娜，妮娜现在应该五岁半了，她一定长成了一个可爱的小姑娘了，她知道父亲无时无刻不在想念她吗？不仅是女儿妮娜，妻子韵玲也还好吗？还有母亲，"鲁艺"的学生们呢？延安的同志们呢？战争就要结束了吧，何时才能踏上归乡的路啊？李莎说："多年的苦难、无情的病魔无形中给他的心灵蒙上了一层浓重的阴影。他时常拿出一把带在身边的小提琴，站在窗边演奏以排遣内心的郁闷，拉的都是一些我不熟悉的东方乐曲，大概是他自己创作或即兴发挥的吧。悠扬的旋律沁人心脾，充满着忧愁和痛苦，也饱含着深切的爱，表达了一位流亡异乡的赤子对祖国深沉的眷恋之情。"古诗云，"独在异乡为异客，每逢佳节倍思亲"。对于离开祖国已近五载的冼星海来说，不用等到"佳节"，每一个平常的日子都被思念所煎熬。

经过多方协调，冼星海的申请终于得到苏联的回应，莫斯科"留克斯"招待所分给他一个房间。但是这一切来得太晚，冼星海住进李立三家不久便旧病复发，被送进了莫斯科克里姆林宫医院，很快他的病情诊断书就出来了。冼星海患了肺结核和腹膜炎，同时肝脏、心脏都伴有并发症。虚弱的身体已经无法支撑冼星海继续创作，可是他的大脑却不能制止奔涌的乐思（李莎回忆说冼星海被诊断出患上了白血病，为了使病人不丧失治疗的信心，医生没有将病情如实地告知患者）。

李立三与夫人李莎

在病榻上，冼星海开始起

草他的《中国狂想曲》。五年了，冼星海和祖国遥遥相望，
日本还没有投降，饱受战争蹂躏的祖国还好吗？五年了，冼
星海和家人远隔千山，妻女平安吗？母亲康健吗？她们时时
牵挂他吗？对祖国的思念，对亲人的思念凝成了他的《中国
狂想曲》。这部作品有五部分的内容，包括一首古情歌，一
首山西民歌，一首广东民歌和两首陕北民歌。它的和声与形
势非常自由，配器全部使用中国打击乐器，别有风味。这是
中国作曲家首次利用狂想曲的形式创作表现中国风格的管弦
乐作品，具有极强的实验性。

虽然住在克里姆林宫医院，接受最好的医疗服务，但是
冼星海的病情并没有得到缓解，他依然辗转病榻与病痛斗争
着。对于冼星海来说，只要生命不息，便要继续创作。1945
年5月，他仍在病榻上制订写作计划，并写信给他在莫斯科
的朋友，请他们送些五线谱纸，他还有好多东西要写，他还
有很多愿望有待实现。在10月2日写给苏联著名作曲家格利
埃尔的信中，他说出了他未竟的愿望：

我是一个很不幸的作曲家，我的不幸在于至今还
没有在欧洲大城市的交响音乐会中听到自己作品的演
奏。……例如我的《第一交响乐》，从开始创作到现
在，已经过去十年了，但始终没有公演过，其余的作品
写成有三五年了，也是同样的情况。您可以想象到，我
在精神上是多么痛苦啊！

我想把自己的作品交去出版，但至今还是一个

幻想。

　　保罗·杜卡是我心爱的老师和朋友，他对我就像亲生的父亲一般，但他已在一九三五年去世了。从那时起我竭力想再找一位老师，但我在中国，这一愿望无法实现。

　　我不知疲倦地创作，但是至今没有听到自己作品的音响，真是非常遗憾。

在病中，冼星海一直念叨的是他的音乐，他的作品。

1945年10月30日，就在他仍然不辍创作的时候，冼星海终于支撑不住劳瘁所伤的病体，安静地闭上了眼睛。临终时的他面容清瘦却表情严肃，仿佛仍在构思他那伟大的作品；他的手指自然地弯曲着，仿佛仍然在捕捉那最新最美的乐章。李立三夫妇和几个为数不多的朋友一起到医院为冼星海出殡，遗体的火化仪式则在莫斯科的顿河修道院举行。出席告别仪式的人也不是很多，除了冼星海的一些生前好友，还有苏联作曲家协会以及其他一些官方代表。苏联著名作曲家穆拉杰里代表苏联作曲家

星海音乐学院音乐厅

协会致词，高度赞扬了冼星海的音乐才华和艺术成就。

据李莎的回忆，冼星海的手稿，包括从国内带来的和他在苏联期间创作的，全都留在了苏联，被一个后期陪伴冼星海的犹太女人占为己有，这个女人未经授权就私自拍卖了那些手稿以牟取私利。据说苏联有不少作曲家，包括穆拉杰里，都不同程度的受益于冼星海留下的手稿。冼星海的骨灰一直安放在莫斯科。

弹指一挥间，38年过去了，1983年1月25日上午，冼星海的骨灰运抵北京首都国际机场，这位为了音乐而漂泊一生的伟大的音乐家终于回到了祖国的怀抱，在他曾经为之奋斗而今已经欣欣向荣的国土上安息。祖国和家乡的人民以各种

冼星海铜像

方式怀念这位坚强刚毅，为音乐献身的人民音乐家——冼星海。1985年，在冼星海的故乡——广东番禺建起了冼星海纪念馆。始建于1932年的广州音乐院也于1985年正式更名为"星海音乐学院"，并于1992年由广东省人民政府拨款在院内兴建了一座冼星海纪念馆，馆名由江泽民同志亲笔题写，冼星海生前希望回到家乡创建音乐学院的理想终于由热爱怀念他的人们实现了。1998年，位于广州二沙岛的星海音乐厅建成并于冼星海的诞辰日6月13日正式启用，音乐厅前矗立着冼星海指挥时飒爽英姿的塑像，时刻振奋着抬头仰望这位"人民的音乐家"的人们。

第 六 章

为人民而歌

一、音乐大众化与民族形式的理论探索

中国现代的文学和艺术受"五四"新文化运动的影响极深，而无论中国现代文学史还是现代音乐史都是以"五四"运动为起点的。"五四"所倡导的包含自由、独立、个性的启蒙理性率先成为知识分子拯救贫弱国家的工具。但是受西式教育，被启迪了思想和心灵的青年们仍然被困在"铁屋子"中，他们发现觉悟了的个人根本无法跟哪怕"搬

> **〉历史文化知识〈**
>
> 〔铁屋子〕
> 铁屋子的意象源于鲁迅《呐喊·自序》。鲁迅说："假如一间铁屋子，是绝无窗户而万难破毁的，里面有许多熟睡的人们，不久都要闷死了，然而是从昏睡入死灭，并不感到就死的悲哀。现在你大嚷起来，惊起了较为清醒的几个人，使这不幸的少数者来受无可挽救的临终的苦楚，你倒以为对得起他们么？"

动一张桌子都要流血"（鲁迅语）的老旧中国相对抗，他们知道"梦醒之后根本无路可走"，因而陷入更深刻的迷茫和悲哀之中。20世纪20年代中期，"五四"落潮，悲哀、绝望、忧郁成为那个时代青年的"时代病"。

1939年，毛泽东在延安青年群众举行的"五四"运动20周年的纪念会上总结了"五四"运动失败的原因，他说："中国的知识青年们和学生青年们，一定要到工农群众中去，把占全国人口百分之九十的工农大众，动员起来，组织起来。没有工农这个主力军，单靠知识青年和学生青年这支军队，要达到反帝反封建的胜利，是做不到的。所以全国知识青年和学生青年一定要和广大的工农群众结合在一

块，和他们变成一体，才能形成一支强有力的军队。这是一支几万万人的军队啊！有了这支大军，才能攻破敌人的坚固阵地，才能攻破敌人的最后堡垒。"毛泽东从宏观的战略意义上总结"五四"新文化运动的失败是由于知识分子只关注西方的思想文化、民主制度、行政规划，而忽略了对广大人民群众的文化普及，忽略了与人口占绝大多数的劳动群众的结合。

事实上，"与广大人民群众相结合"体现在文艺战略上的便是文艺大众化的问题，而这个大众化的过程早在1930年中国左翼作家联盟成立之时就已经开始了。当时日本的侵华计划还在酝酿之中，国难当头的危急形势还没有充分显现出来，"左联"积极推动的文艺的大众化运动只是作为建设无产阶级文艺形式的"第一个重大的问题"被提出的。虽然"左联"是个由作家为主要成员的团体，但他们并不排斥其他艺术形式，同样也不遗余力地推动着戏剧、音乐、美术等艺术形式走向民间。其理论建设虽然着重在文学，但仍可以作为其他艺术形式的借鉴，并为后来文艺界关于"民族形式"的讨论提供了有效的参照。

然而到了1937年7月7日，卢沟桥事变爆发，全民族的抗日战争由此展开，中国从此开始再一次进入绵延动荡的战争年代。特殊的历史环境要求文学、音乐等艺术形式必须担负起民族救亡的使命。这样，"五四"以来始终关注"个性解放""社会革命"等启蒙主题的新文化运动不得不调整自己的脚步以适应战时的形势。国难当头，"救亡"焕发出巨大的民族凝聚力。为了集中所有可以团结的力量一起抗日，昔日曾经因为政治或艺术观念的不同而彼此对立的各家各派，此时也都捐弃前嫌，在民族统一的旗帜下实现了统一。"左联"的时代任务已经结束，代之而起的是1938年3月27日在武汉成立的另一个全国性的组织，中华全国文艺界抗敌协会，简称"文协"。

为了更好地达到"救亡"的目的，文艺界首先必须把人民大众调动起来，树立民族自信心，确信中国必胜的抗争信念。于是，"文协"一成立，便提出"文章下乡、文章入伍"的口号，鼓励文艺界人士走出从前的亭子间和书斋，或投笔从戎，或参加战地群众工作。艺术家们的生活环境根本地改变了，他们真正接触和体验了民众的现实生活。由此，他们的思想情感和创作观念也都发生了巨大的变化。文艺创作活动在非常实际的意义上与广大民众结合。艺术必须充当时代的号角，必须直接反映现实，必须为普通民众所接受，这些观念都成为众多文艺界人士的共识。战争直接影响到创作者的创作心理、创作姿态和创作方式，也影响了作品的题材、风格。在国难当头、炮火连天的时刻，他们没有空闲和情绪去咀嚼艺术的审美特质，爱国、救亡成了艺术创作的共同主题，英雄主义、革命乐观主义成了这些作品的共同基调；歌唱伟大的祖国、伟大的中华民族成了这些作品的共同旋律。

正是在这样的背景下，音乐界展开了"新音乐运动"也正是在这样的背景下，冼星海展开了他的艺术创作和新音乐

理论的建设工作。

"新音乐运动"的口号是吕骥、周钢鸣等音乐人在1936年提出的，目的是为了进一步推动音乐界的统一战线，进一步加强为救亡服务的音乐理论建设。吕骥在《中国新音乐的展望》一文中系统论述"新音乐"的定义、功能、方向和创作方法。在他看来，新音乐不再是"享乐的、消遣的、麻醉的"，而是"以健强的、活泼的步伐走入了广大的进步的群众中，参加了他们的生活，以至于成为了他们战斗的武器"。新音乐的功能不是"发抒个人的情感"，而是"作为争取大众解放的武器，表现、反映大众生活、思想、情感的一种手段，更负担起唤醒、教育、组织大众的使命"。而为了实现新音乐的功能，它就必须坚持大众化的方向，因为"如果新音乐不能走进大多数工农群众的生活中去，就决不能成为解放他们的武器，也决不能使他们成为民族解放运动的主要力量"。那么新音乐如何才能走进工农群众的生活中呢？吕骥认为新音乐除了作者具备新的音乐观念，作品表现新的题材之外，还应该有新的形式，即从教科书上所教授的严格的形式中解放出来，任何一种形式，只要能达到艺术表现的最高目标都可以大胆采用。在创作方法上体现出的是一种新现实主义原则，即"它们是热情的，然而不是盲目的；它也能给你一个境界，然而并不是不可及地崇高；是明白易懂的，却又不是庸俗的；是有力的，却又不是狂暴的；它能使你感到这时代活跃的律动，使你愉快地随着这律动而前进；是现实的，鼓励的，具有教育意义的"。

　　新音乐的具体表现就是众多爱国的音乐人投身的救亡歌咏运动。冼星海虽然不是"新音乐运动"的发起人，但是他在参与、指导和创作新音乐的过程中逐渐对"新音乐"有了自己的认识和体会，并在"新音乐"的理论建设方面有自己独到的见解。在《现阶段中国新音乐运动的几个问题》中冼星海总结了新音乐的本质，他说，新音乐应该：一是反帝反封建的、民族的，即反对侵略和旧的封建残余势力；二是民主的，而不是专制的，提高民族自信心和自尊心的；三是现实的、科学的，反对蒙昧无知和欺骗，等等；四是大众的，依靠群众，唤醒全国工农，反映力量、光与热和节奏，具有浓厚的大众化、通俗化，并且简单活泼的；五是具有战斗性和建设性的，深入民间教育大众，组织大众；六是具有党派性、阶级性、国际性、永远性、完整性，而又是实践的。它的革命性的彻底，斗争性的坚决是很明显的。

　　那么如何来建立中国的新音乐呢？

　　冼星海指出应该从三个方面入手，即从实际生活中创作新兴音乐的作品；从创作经验里建立起新兴音乐的理论；以及组织更广泛、教育更多量的干部。具体说来：

　　其一，在创作方面，"以'大众化'为第一要紧。音乐要有力量，节奏要明显，要通过民族的形式和内容来创作民族的新兴音乐。作风上说我们第一不要抄袭或模仿欧洲的音乐。第二不要趋向从前封建的形式和内容，或颓废的作风。创作可利用欧洲曲体来创作中国新兴音乐，但要有新的和声，旋律性与调性方面是要中国的、民众的、通俗的。要达到这一点，就要以我国民歌小调、旧剧、大鼓及中国乐器的研究做基础"。

其二，在理论方面，"我们要有新兴音乐运动的理论基础，有民族音乐研究的理论（包括民谣、小调等），有中国和声学的发明和理论，更要有我国过去的古乐的研究理论，欧西乐学的理论。这是广泛地展开创立中国新兴音乐的理论基础的要求。比以上更要紧的是苏联新兴音乐的理论，新写实派的音乐理论。不管是创作或编译，我们先要从民族音乐理论的研究而进入整个东方音乐及一切被压迫的弱小民族的音乐理论研究"。

其三，在组织和教育干部方面，则应该建立专门的音乐学校，比如延安的"鲁艺"。

其实，对于如何建立中国的新音乐，概括起来就是两个核心问题：一是实现音乐的大众化；二是建设音乐的"民族形式"。冼星海多篇关于建设新音乐的理论文章基本都是围绕这两个问题展开的。

关于音乐大众化问题，冼星海从一个作曲家而不是政治家的角度，表达了自己的理解。他说：

　　大众化的音乐，它必须为大众所接受和把握，因此要简单，同时要懂得大众的心理，我们要把音乐当作一种斗争的武器，大众拿它去打击敌人，才能产生伟大效果。目前的雄壮歌曲，不但使敌兵寒心，而且可以使他们反战，反军阀。大众音乐是抗战中的强大力量！也是抗战中大众所渴求的武器。

　　大众化音乐不是庸俗化，它是时时刻刻提高大众文化水平并教育和组织大众的工具。我们要给大众好的东西，真实的东西；而不是愚弄或欺骗他们。同时也要站在他们前面，领导他们，接近他们，使他们有进步，有希望，有前途，而不是保守或退步，甚至悲观，失望。

　　大众化音乐宜注意民歌，因为民歌是现实的，形象的，口语的，反抗的，最适合大众的。要实现大众化音乐，我们必须努力研究民歌，有了民歌作基础，我们才能根据时代的需要，顺利地创作出新的东西；根据民歌，我们才可以找到许多新内容和建立民族形式。

　　冼星海并没有高屋建瓴地论述音乐大众化的伟大意义，对他来说，大众化的音乐就是要能跟老百姓心性相通，有雄壮的旋律能鼓励老百姓抗战，并且不脱离民歌的积淀。

　　至于"民族形式"问题则是与"文艺大众化"问题联系在一起的。抗战时期，由于宣传的需要，利用旧形式和通俗化的文艺作品大量出现，文艺大众化的问题便格外引起重视。由于民族意识的高扬，人们开始更多地考虑如何在文化领域突出民族特色。所以"民族化"成为这个时期文艺活动中创作实践和理论建设的主要目标之一。

　　"民族形式"作为一个口号，是1938年毛泽东在中国共产党的六届六中全会上作《中国共产党在民族战争中的地位》报告中所提出的。这是一个强调马列主义中国化，反对教条主义的口号。毛泽东指出，要把"国际主义的内容和民族形式"结合起来，创造出"新鲜活泼的、为中国老百姓所喜闻乐见的中国作风和中国气派"。1940年，毛泽东又在《新民主主义论》中指出："民族的形式，新民主主义的内容——这就是我们今天的新文化。"毛泽东的号召直接指导和推进了文艺界关于"民族形式"问题的讨论。

1939年，延安等抗日根据地的文化工作者在党的组织下，学习、领会毛泽东关于"民族形式"问题的讨论，周扬、艾思奇、萧三、何其芳等人都在边区报刊上发表文章。这些文章多数就局限在研讨运用民间形式问题。到1940年，国统区也展开了关于"民族形式"问题的讨论，当时问题争论的焦点是如何看待"民族形式"的来源。向林冰比较重视民间的旧形式，他在《论"民族形式"的中心源泉》中一再强调创造新的民族形式的途径就是运用民间形式，从而否认"五四"新文化运动以来借鉴西方的成功经验，认为那些都是以欧化、东洋化的移植性形式代替了中国作风、中国气派，是一种畸形的形式。而葛一虹则在他的《民族形式的中心源泉是在所谓"民间形式"吗？》中完全否定了民间形式有可以批判继承的合理成分，认为旧形式都是封建的没落的文化。

显然，这两种观点都非常褊狭。早在1934年，鲁迅在一篇题为《论旧形式的采用》中就指出，我们不能一味地搬用旧形式，也不能全盘否定。采用旧形式"必有所删除，既有所删除，必有所增益，这结果是新形式的出现，也就是变革"。鲁迅对文艺作品的形式采取一种"拿来主义"的态度，强调对于古代、民间、外国的文化，我们都要"拿来"，"或使用，或存放，或毁灭"，"没有拿来的，文艺不能自成为新文艺"。

从冼星海对如何创作新兴音乐的讨论中，我们可以看出，他对旧形式的态度秉承的正是鲁迅所说的"拿来主义"。对如何利用旧形式，如何创建中国音乐的民族形式，冼星海在创作实践中提出了八点意见：

第一，接受优良的中国音乐传统，并加以整理、批判。从民间得来的东西，都有它的特点，我们用科学方法把它分析、归类，把陈腐的放弃，而吸取它的优良部分，做我们创作的滋养料。

第二，必须加强中国作风、中国气派，成为老百姓的东西，而不是使他们惊奇，或不关他们痛痒的东西，尤其在音乐上的歌曲。

第三，我们可以用"同一内容在不同的客观条件或不同的对象前面，采取不同的形式"，创造多样的音乐出来，这样才能够充实民族形式。

第四，通过民间音乐，把它发掘出来，须亲自到民间去，向民间学习，这样才能够理解得更深刻，这样才能够代表着大众的生活、习惯、喜怒哀乐，尤其是他们几千年来的痛苦，受封建及帝国主义压迫的痛苦。

第五，改良中国古乐。因中国乐器是不够科学的，但同时又要保存中国乐器的优良成分，如乐器的音色方面。中国乐器是与世界各国不同，敲击乐器也是很可以保存和利用的。中国乐器择其音色方面与外国乐器相同的地方，可以利用它们进步的技巧，使它们能混合而产生一种特殊的音色，也是世界的音乐。我不主张废除古乐，但也不是不改良地接受古乐。

第六，改造与创造中国的旋律、和声、曲体形式。这就是说对中国乐制要做深刻的研究，不使中国的旋律、和声、曲体陷于单调乏味，反之使它充实活跃而废除了封建或传统的习惯，向着新鲜活泼的、简单明了的、有魄力的、雄厚的、稳重的道路走去。处理和发扬中国音乐民族形式的初步，可先用对位法，然后用和声法。调性方面可以采用固有的，同时亦可吸收最进步的。但曲体方面要创作新型的，不宜全盘西化，也不宜纯用旧形式。

第七，研究各地方的语言，这特别有利于拓展创作格局，因中国语言繁多与复杂，形成了多样的形式与内容。地方语言是研究音乐或作家的最好参考材料，我们不但要懂得各种方言，同时要分析和利用。在语言方面尤其要注意是国语。将来民族形式的歌曲，必然要用统一的言语去唱，只有这样才能说是"全国性"。地方色彩的歌谣小调或歌剧，我们要同时保存下来，不宜废弃。但对于方言的研究是发扬民族形式的重要步骤，我们不能忽视。

第八，研究世界各国音乐的民族形式是必要的，研究他们音乐史的变迁和乐派的发展，民族音乐的发达，等等，尤其是他们的乐理及前进的思想，可以帮助我们发扬本国的民族形式。我们的民族形式虽然暂时是停留在歌唱或歌剧方面，但我们在创作过程中可以用像组曲、大合唱、序曲、交响乐等进步的曲体。但我们的目的是要民族形式的，我们的创作将是和他们完全不同的，而又不是完全旧形式的音乐。

简单而言，冼星海对中国传统音乐和世界音乐所采用的"拿来主义"的方法就是：继承民间传统，了解各地方言，改良古乐，吸收世界音乐的特色，创作出不拘形式的民族新音乐。

在创作民族新音乐的过程中，冼星海有很多想法和心得。他认为像艾青的《大堰河》《向太阳》《火把》，何其芳的《一个泥水匠的故事》，荒煤的《支那傻子》，高兰的《我的家在黑龙江》等抒情长诗都可以写成具有民族形式的新音乐，它们的形式可以是交响乐诗、音诗，也可以是叙事曲，或者还可以独创出全新的形式。冼星海从1935年开始便计划创作四个比较大规模的民族解放交响乐，包括《土地交响乐》《国难交响乐》《战斗交响乐》和《胜利（或解放）交响乐》，总题为《民族解放交响乐》。这部作品不像那些急就章，它的创作过程非常长。冼星海一边探索，一边创作，因为这是部纯音乐作品，没有歌词，而且他希望听众在欣赏时可以听出中华民族几千年的历史，可以感受到中国伟大的河山、伟大的人民、伟大的党以及民族的灾难和抗争，所以他调动一切可以利用的中国形式，比如"二黄""西皮""梆子""昆曲""高腔"和各省的民歌小调，将它们整理吸收，以期对中国的新音乐运动和音乐民族形式的探索做出一些贡献。

　　实际上，冼星海一直都是一个非常自觉的民族形式的探索者。这位受过西方印象派音乐教育的作曲家一直立意以民间音乐作基础，并参考西方音乐的成果来创造新的中国音乐形式。在《生产运动大合唱》的座谈会上，冼星海指出当时作曲家的三种姿态：一是死硬地模仿西洋音乐；二是顽强地固守中国音乐的做法；三是尽力使中国音乐与西洋音乐作适当的结合。他明确表示赞成最后一种，并提出三个口号，即音乐应当是大众的、民族的、艺术的。他认为中国的音乐只有朝这个方向努力，才能成为好音乐。而他的所有创作都是朝着这个"好音乐"的方向努力的，不论是民歌、合唱还是歌剧和交响乐。

二、民歌、歌剧与交响乐的创作实践

　　不论是理论建设还是创作实践，冼星海都非常重视对民歌的吸收。在来延安之前他就已经意识到民歌对中国新兴音乐创作的积极影响，并且收集整理了两广、江浙、河南等地的部分民歌。到延安之后，冼星海仍将不少精力投入到这项工作中去。延安有个"民歌研究会"，收集了全国各地的民歌，以陕西、甘肃和内蒙古、河北一带的居多，还速记了一些少数民族，比如蒙古族、回族、藏族、苗族的民族土调。冼星海到延安之后，很快就投入到"民歌研究会"的工作中，他一方面积极搜集陕北民歌，一方面采访来自五湖四海的战士们，请他们唱唱家乡的民歌，从而丰富了自己的研究内容。

作为"鲁艺"音乐系的教师，冼星海结合自己的经验和研究心得，开设了一门名为"民歌研究"的课程。他为"民歌研究"所编写的讲义充分体现出他对民歌研究的思考。这份讲义对民歌的研究非常详备，解释了包括民歌的定义、历史沿革、作用、特性，民歌的研究方法，如何创作民歌，以及民歌的发展前景等诸多方面。

在为学生讲解民歌的问题时，冼星海首先为民歌的历史追根溯源。他将民歌解释为来自民间的音乐，其基本特色就是平民化。他说在历史上，音乐最初就有雅俗之分，俗乐代表工农群众，流行于民间，曲调悦耳动人，可是士大夫却鄙薄它们，视其为粗浅的淫声，不能进入宗庙，而将雅乐作为士大夫阶级的代表音乐。但有良心的贵族也认为俗乐有可取之处，所以魏文侯也曾说过："吾端冕而听古乐，则唯恐卧；听郑卫之音，则不知倦。"冼星海也曾列举唐代重视俗乐的故事，他说唐代将俗乐列为坐部，公众宴会才奏俗乐，而雅乐叫乐工充任，专门用雅乐奏给死人听，"来达到离开民众，离开现实或者说离开胜与动的社会，而把雅乐引入神秘，唯心的，抽象的道路上去"。

其实不管是讲民歌还是讲诗词，追溯其历史是必不可少的开场白，这与中国历代对史学的重视有关。梁启超在《新史学·中国之旧史》中指出，"史学者，学问之最博大而最

切要者也，国民之明镜也，爱国心之源泉也。今日欧洲民族
主义所以发达，列国所以日进文明，史学之功居其半焉"，
所以他说："呜呼，史界革命不起，则吾国遂不可救。"晚
清很多学人也都强调"无史则无国"，他们充分认识到"历
史"对民族认同、国家认同所起的重要作用。因为民族国家
认同是一个人发觉并认识自我，民族"小我"建立与民族
"大我"之间的过程，只有通过历史学，我们才有可能创造
出一个统一的，从远古进化到现代以及未来的民族共同体。
在讨论史学之于现代民族国家的伟大意义时，李杨说："当
一个全新的民族国家被解释为有着久远历史和神圣的、不
可质询的起源的共同体时，民族国家历史所构成的幻想的
情节才能被认为是曾经发生过的真实的存在。正是通过这种
驯化和熏陶，民族国家神话被内化为民族国家成员的心理、
心性、情感的结构。"借用李杨的这段精彩论述，我们也可
以说，当一个全新的观念被解释为有着久远的历史和神圣的
不容置疑的源头时，这个观念也因此变得毋庸置疑了。冼星
海不是历史学家，但他在给学生讲授民歌时也首先追溯其历
史，并且借助历史叙述将平民音乐与贵族音乐对立起来，说
明只有平民的音乐才纯洁真挚具有生命力。这使他的讲述具
有充分的合理性。

　　在论及20世纪三四十年代民族革命必须重视民歌时，
冼星海充分肯定了民歌的宣传作用。他说，在战场上的歌声
比图画和戏剧都直接，而且唱歌不受技术上的限制，只要唱
出来就行，其感染力比政治演说更为直接生动，同时民歌还

能够瓦解敌人的力量，像那个著名的四面楚歌的故事。此外，针对当时中国共产党所采用的游击战术，冼星海指出民歌可以增强部队的凝聚力，因为懂民歌比懂方言更容易，也更能够增进不同地域人的交流。冼星海还将中国民歌放在世界音乐地图中来肯定中国民歌的价值，他认为中国领土广阔，人口众多，地方风俗差异大，因而中国民歌之丰富、复杂远非其他国家可比，对中国民歌的研究和整理无疑可以成为献给世界音乐最好的参考，说不定还能够影响世界音乐的发展，从而提升民族自信心。当然在当时文艺大众化的政策指导下，冼星海也花了不少篇幅来讨论民歌对增进文艺大众化所做的贡献，比如他说民歌是工农群众的唯一歌声，学习和研究民歌能使文艺工作者更有机会接近工农群众，从而创作出中国的新音乐。与此同时，他也总结了一些人轻视民歌的理由，比如受"五四"新文化运动的影响，只重视西方的资源。（实际上，"五四"新文化运动并非全盘西化，1918年2月北京大学歌谣研究会成立，发起征集全国民间歌谣，开始重新整理中国传统的、民间的文化资源）比如受阶级的局限，认为民歌粗浅简陋，乐人身份卑贱；比如中国民歌技巧单一、原始落后，艺术性不强，不能建立中国的新音乐；等等。

　　现在看来，冼星海对民歌历史的描述，特别是对雅乐的评判，对民歌不受重视的原因分析迎合的是当时阶级决定论的观念，偏颇在所难免。

　　用政治学、社会学的观点来总结民歌的价值和意义并

非音乐家所专长，但是在分析各地民歌的特色，提出具体的研究民歌的方法时，冼星海作为音乐家的敏感和见识全都展露无遗。他在概括了民歌具有现实性、形象化、口语化、地方性的特点之后，详细分析了广东、江浙、四川、河南、陕西、山西、内蒙古、新疆、西藏等地的民歌在歌词、曲调、节奏、音阶、调式等方面的特色以便在今后的创作中汲取营养；他认真总结了研究民歌的具体方法，比如在搜集民歌时要首先熟悉当地民间的生活，学习当地的语言，然后用记谱的方法把曲调和歌词记录下来；做收音工作时首先要参加他们的音乐活动，比如秧歌舞、秦腔、蹦蹦戏等，然后才用唱片收音机直接将原音收入，而且收音的容量一定要足够大；收集好的材料必须分门别类，用科学的方法整理；记录了民歌之后还要配上简单的和声和对位，唱给当地人以确认；对歌词和曲调要并重，不能有词无谱；此外，一切与民歌有关的歌曲，都应该重视大鼓、弹词、梆子等。

在谈到如何来创作民歌时，冼星海进行了大胆的理论探索。他认为民歌是可以创作的，并提出了一些创作的建议。比如他认为应该使用对位法改变民歌的单调；要创作包括独唱、合唱、对唱、轮唱的新民歌，打破以往单一的主调；要尽量吸收传统的民歌旋律，同时也应该借鉴外国民歌的创作技巧；等等。

冼星海希望能够创作出一种全国性的能代表一个民族的民歌，并且将其作为自己努力的方向。不过，这个理想与他自己对民歌的定义有冲突。因为一种"全国性的能代表一个民族"的民歌便不再是地方性的、口语化的，而将成为一种普遍价值的载体。但是，这样的表述并不说明冼星海前后矛盾，反而更加凸显出他充满理想主义色彩。中国进行民族战争的时代正是一个理想主义的时代，冼星海和那个时代所有的热血青年一样被理想主义的光辉所激励着，不光他的作品、他的研究连同他本人的性情都沐浴其中。

冼星海在探索中国音乐的"民族形式"时，多次提到要借鉴西方进步的技巧和形式。在他自己的音乐创作中，歌剧和交响乐便是这种借鉴的尝试。

《军民进行曲》创作于1938年12月，是一部三幕歌剧，也是冼星海创作的唯一一部歌剧。这部歌剧塑造了李老伯、李强、李小兰、孔排长、汉奸、伤兵等人物形象，是冼星海中西合璧的一次尝试。在《我对于创作歌剧〈军民进行曲〉一点意见》中，冼星海详细地解析了如何去欣赏这部歌剧的音乐。他说，第一场幕前曲描写的是荒乱的时代，车马声、风雨声、枪炮声营造出人心的惶恐，用不协和音的奇怪的节奏来表达；第二场幕前曲描写了一个落伍的伤兵在寒风呼啸的夜里艰难地摸进村口，生的希望一直鼓舞他顽强地爬行前进，音乐缓慢而带着悲痛；第三场幕前曲描写的依然是寒夜，稀落的枪声、群狗的吠声、贫弱的村子和苦痛的人民，李小兰夜不能寐，心中倍感凄凉。……遗憾的是，这篇文章的后半部分已经散失，冼星海只留下了这三个幕前曲的解析，虽然以后的研究者不乏对《军民进行曲》主场的鉴赏文字，但我相信再好的赏析都比不上作曲家自己的理解和

感知。

冼星海将《军民进行曲》解释为民族性的歌剧，根据当时抗战的情形创制内容，歌词尽量采用口语，歌曲全是民谣作风，乐队则是中西结合。他仍然将歌剧的创作目的确定为宣传抗战，希望老百姓看完了知道应该进行军民合作，坚持抗战。《军民进行曲》创作的1938年底正是延安热烈讨论"民族形式"之时，冼星海将自己的创作付诸实践，吸取欧美的创作技巧，利用中国老百姓喜闻乐见的旋律，用简单和声配上中西乐器，特别是打击乐器，从而努力使作品成为大众化、民族化和艺术化的统一体。

1939年1月13日，歌剧首演，冼星海的日记里写道："晚上演《军民进行曲》，第一次演出，我整整指挥了几个钟头！三场和三幕的幕前曲！演员方面女的不怎样好，男的大致不坏，不过他们都没有和音乐伴奏配合好。"冼星海显然对这次首演不甚满意，但这多少是因为受到了延安艰苦的物质条件和排练情况所限。歌剧演出后，延安各个单位都开展了大讨论，有些人认为这个作品"太洋化"，但总体反映尚好。冼星海本人对这个作品也还是满意的，他曾说："这歌剧已在前线演出，到现在还有很多人能够念出整个歌剧的歌曲，当我有一天晚上从大礼堂指挥完了《黄河大合唱》的时候，'鲁艺'学生实验剧团一路行一路唱，整个歌剧在路上唱完。因'鲁艺'已迁新校址，从'陕公'大礼堂到'鲁艺'，如果走得慢的话，需要一小时的行程，何况又在黑夜，这虽然是八里路，但他们因为唱歌而忘却了！这歌剧如

果有好的演员和唱歌专家，同时有完全的交响乐队，灯光，
布景……可以在任何一个大都会演出的。"

　　对于一个曾在巴黎学过七年音乐的作曲家来说，只是写
一些配合救亡运动的急就章显然过于大材小用了。在创作救
亡歌曲的过程中，冼星海已明显地感到只是写这些用于宣传
的歌曲还不能充分发挥他的能力和所学，而创作交响乐则是
对一个有理想有抱负的作曲家最大的挑战。《民族解放交响
乐》是冼星海创作历程最长的一部作品，从1935年开始酝酿
到1941年最终完成，历时七年。由此也可以看出冼星海对这
部作品倾注的心血。

　　冼星海在讲述自己为什么会创作这部《民族解放交响
乐》时提到个人生活和创作经历的不顺。冼星海1935年夏学
成归国，想去音乐学院教书被委婉地拒绝，联系好上海工部
局乐队为他开个人作品演奏会也因种种原因未能成行，甚
至受到当众侮辱，这深深地刺激了冼星海，促使他要写出
好的伟大的作品来为中国音乐人争口气。从心理学的角度来
讲，除了为自己、为祖国、为民族争口气之外，创作一部
伟大的大型交响乐也能使冼星海获得自我认同，成为人本主
义心理学家马斯洛所说的"自我实现的人"。人本主义心理
学在讨论人的价值时认为，满足高级需要，追求自我实现是
人的本性。那么，如何在青年时期获得自我实现，完善人的
本性呢？另一位著名的心理学家荣格认为是成就。因为社会
奖赏总是授予成就，这使人在青年时期不得不采取一个特殊
的解决办法，即发展出某些特殊的才能，使在社会上站得住

脚的人得以从这些才能中发现真正的自己。作曲并且成为一个优秀的作曲家使冼星海获得了前所未有的成就感，成为他获得自我实现的需要。冼星海刚一回国，写的作品就非常受民众欢迎，这对一个年轻的写作者来说无疑是最好的鼓励和最大的奖赏。马斯洛将"自我实现的需要"定位为人的"高级需要"，而人对于高级需要的满足"能引起更合意的主观效果，即更深刻的幸福感、宁静感，以及内心生活的丰富感"。对冼星海来说，只创作那些技巧简单的救亡歌曲并不足以满足"幸福感、宁静感，以及内心生活的丰富感"，他必须激励自己创作出充分展示他技巧和才华的交响乐才能延续这种感觉。正是这样的心理需要激励着冼星海历时七年坚持不辍地创作他心中的交响乐。而为什么会选择"民族解放"作为这部交响乐的主题内容呢？冼星海也有自己的解释，那便是作为一个有良知的热血青年，看到贫弱的祖国受尽欺凌，善良的国人惨遭涂炭，渴望用自己的笔写出祖国的伟大、民族的苦难和保卫家乡的坚定信念。

　　这部交响乐的写作过程也很曲折，从1935年7月到1936年秋，冼星海只完成了草稿的钢琴部分，他当时忙于生计和救亡运动，直到1937年春才开始写乐队的总谱。全面抗战爆发后，冼星海每天在街市上奔走，宣传抗战，打听战报，眼见日本的飞机在自己的国土上肆虐，也看到我们的将士为保领土浴血奋战，眼前种种时时刺激着冼星海敏感的乐思。在随后跟随上海演剧二队赴内地宣传抗日的行程中，冼星海带着这部交响乐的草稿和乐谱纸，不管路途怎么艰险，他都没有

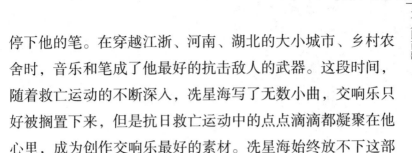

停下他的笔。在穿越江浙、河南、湖北的大小城市、乡村农舍时，音乐和笔成了他最好的抗击敌人的武器。这段时间，随着救亡运动的不断深入，冼星海写了无数小曲，交响乐只好被搁置下来，但是抗日救亡运动中的点点滴滴都凝聚在他心里，成为创作交响乐最好的素材。冼星海始终放不下这部未完成的交响乐，奔赴延安之后，在教书、指挥晚会和组织歌咏队之余又重新继续创作，最终在1941年春于苏联完成。

在这部作品的扉页上，冼星海写道："此作献给伟大的中国共产党，党中央委员会和光荣的领袖毛泽东同志"。并且在作品介绍中说："这作品是我诚恳地贡献给伟大的毛泽东同志的，他是我最崇拜的一位真正民族的救星，他的道路是正确的，只有这样才可以拯救中国，拯救整个民族的危亡。但我时常反问自己，这作品是否能够表达中国民族的解放？但姑且不论作品好歹……这一点小小的创作的目的是为民族解放的，我想毛泽东同志也赞成，并且他还要鼓励许多艺术工作者竭尽他们一切的努力去创作。我敬慕着这一代伟大的人民领袖，我把这心血创作出来的微小作品贡献给他，愿他领导着民族解放……给人民以自由平等，抗战胜利、民族解放的前途定可实现。"

《民族解放交响乐》共四章六段。第一章为小行板（Andantino）"锦绣河山"，歌颂中华大地历史悠久、文化灿烂、地广物博。全章以工农的劳动歌声为基础，衬以天然的景物，借此歌颂工农群众的伟大。第二章为柔板（Vif. Adagio espressivo）"历史国难"，书写伟大的祖国几千年

173

来国难频仍、灾祸不绝，特别是近代以来饱受帝国主义列强的欺凌，致使山河变色，人民困苦。但即便如此，人民的反抗的怒潮和烈火从来没有停息过。第三章是由三段舞曲体构成的"保卫祖国"，第一段是中板（Moderato）龙船舞，灵感来自于每年农历五月南方诸省举行的龙舟赛，寓意在于激发国人爱护领海并具有竞争意识，示意用一支庞大的海军来保卫祖国的海岸线；第二段为小快板（Allegretto）纸鹞舞，纸鹞象征飞机，喻示着先进的现代飞机来保卫自己的领空；第三段为最急板（Prestissimo）狮子舞，象征威武的中国陆军奋起抵抗，赶走侵略者。之所以将"保卫祖国"分成三段来表达，冼星海自己解释说："这三段的意思是作者希望中国加紧武装人民，使侵略者不能占领我们一寸土地。以海、空、陆的实力联合去保护祖国，是在乎全国人民的动员。全国人民要紧记着中国过去的光荣历史、新中国的改造和建立，牺牲一切去为民族解放斗争，并且要建设她，使她永远不再受敌人侵略，使敌人永远不能踏进我们的国土来进行侵略和抢掠"。第四章为急板（Presto）"建立新民主主义的中国"，突出中华民族伟大而雄厚的潜力，主调用《锄头舞歌》以暗示工农群众的伟大力量。

除了《民族解放交响乐》之外，冼星海在苏联还写了另外一首交响乐《神圣之战》，创作这部作品的动机是1941年6月22日德国入侵苏联，冼星海愤怒于德国法西斯在苏联领土上肆虐，因而决意写一部作品献给苏联红军，鼓舞他们的斗争，争取早日取得反法西斯战争的胜利。这部作品冼星海计划写四段，前三段为音乐，第四段写成俄文英文的大合唱，他于1943年1月正式动笔，同年10月完成了前三段的全部乐队总谱。从要表达的内容来看，第一段写的是德国入侵苏联，苏联红军展开了艰苦卓绝的国土保卫战；第二段是用沉痛的心情追悼战争中受难的人民；第三段则写世界反法西斯战争胜利后世界人民分享胜利的喜悦。这部作品最初定名为《歼灭》，后来改名为《神圣之战》。

不论是《民族解放交响乐》还是《神圣之战》都在异国完成，也都未能和乐队配合并作最后的修订，此外，对于如何用器乐来塑造各种形象，冼星海也缺乏足够的实际经验，因而也有音乐家指出他的交响乐存在结构过于复杂庞大，形象发展的逻辑不甚清晰等问题。我想，如果冼星海有足够的时间去磨砺他的作品，并能亲自指挥乐队演奏，凭借他对音乐的敏感和全心投入，一定能使他的交响乐成为中国现代音乐史上的又一个经典。

此外，对于吸收外来文化以建设中国音乐的"民族形式"，冼星海在延安还有一则轶事。

当他听说延安有个日兵招待所，关押着日本的俘虏后，便提议去那里访问日本兵。他是想借此机会也记录些日本的军歌和民歌。这个日兵招待所他多次造访，除了记录日本歌曲，也教看管日军俘虏的战士们唱歌。在和日本兵以及日本民歌有了一定的接触后，冼星海以一个音乐家的感悟说："他们（日兵）的歌声很悲伤，绝对不是一个强大的国家"。

三、贡献与影响

1945年10月30日，冼星海因病逝世于莫斯科克里姆林宫医院。这一噩耗通过电文传到延安以后，"鲁艺"为冼星海举行了追悼大会。毛泽东为冼星海题写了挽联，"为人民的音乐家冼星海同志致哀"。"人民的音乐家"是中共中央最高领导人给予一个音乐家最高的荣誉。

作为一个音乐家，冼星海对中国现代音乐史的贡献是卓越的。

从创作上来看，冼星海是中国现代音乐史上一位非常多产的作家。从1935年到1945年，仅仅十年的创作生涯，他写了五百多首群众歌曲，四部大合唱，一部歌剧，两部交响乐，四部交响组曲，一部大型管弦乐曲以及许多器乐独奏、重奏和声乐独唱曲。其中不少作品都传唱至今，比如《保卫黄河》《在太行山上》《二月里来》以及儿童歌曲《只怕不抵抗》，等等。冼星海创作的绝大多数作品都取材于现实生活，鲜明地表达着爱国、救亡、抗日的革命主题，这些主题正是他生活的那个年代每个中国人日常生活中最重要的背景。他怀着满腔热血，以自己对生活的感知和理解，借助音乐的表达方式，动情地描述了深处战争旋涡中的祖国，使我们能够借助音乐来了解那个战争频仍的年代里中国民众的苦难、奋进和抗争，他的作品也因此成为中国现代音乐史上的一份宝贵的遗产。

群众歌曲是冼星海音乐创作中最重要的一部分，包括

冼星海全集书影

具有号召性的进行曲和生活与斗争相结合的抒情歌曲。他的
进行曲节奏鲜明有力，旋律朗朗上口，表达出人民大众坚决
果敢的气势和慷慨激昂的情绪，比如《救国军歌》（塞克
词）、《青年进行曲》（田汉词）。他的抒情歌曲多借用民
间音乐的音调和形式，悠长宽广、舒展和缓却热情奔放，那
种富于起伏的旋律和气息宽广饱含深情的音调成为冼星海
抒情歌曲的独特风格，比如《在太行山上》（桂涛声词）、
《赞美新中国》（光未然词）。他创作的群众歌曲多是齐唱
或者小合唱，这与冼星海对音乐/歌曲功能的认识有关。群
众歌曲要达到宣传抗日，鼓舞救亡的效用，最好的形式就是
齐唱和小合唱。冼星海特别善于使用简洁灵活的二部合唱，
演唱时各个声部和谐地穿插，营造出立体生动的音乐氛围。

　　冼星海还创作了一些劳动歌曲，比如早年跟随母亲漂泊

时常唱的《顶硬上》、电影插曲《拉犁歌》，等等，这些作品多是他直接将民间的劳动号子改编加工而成的，具有浓厚的乡土气息。儿童歌曲冼星海写得不多，但是这些作品很能体现出儿童的童真和勇敢，而且节奏活泼，很受小朋友们的喜欢。像《只怕不抵抗》进入20世纪七八十年代小学音乐课本，直到现在，那些学过这首歌的早已成年的人们依然能唱出它的旋律。

冼星海创作成就最高的当属套曲形式的大合唱。他的《生产运动大合唱》（塞克词）、《黄河大合唱》（光未然词）、《九一八大合唱》的艺术成就前文已述，此不赘言。需要补充的是，冼星海创作大合唱并没有囿于既定的模式，特别是在《黄河大合唱》取得空前的成功之后，他的合唱作品仍然在形式上不断探索，不断创新，为建构中国新音乐的"民族形式"而不断努力。

冼星海也创作了一定数量的器乐作品，比如《民族解放交响乐》《神圣之战》，交响诗《阿曼盖尔达》，中国舞曲（三首），音画《中国生活》等。对于音画《中国生活》，苏联作曲家波波夫如此评价："《中国生活》音画写得富有自己的特色，他在其中把当代西欧管弦乐技巧——主要为法国印象派技巧——与中国民间调式的音调相结合。这部作品的四个乐章创造了一系列富有表现力的音乐形象，它们完整地体现在'风景画'式的布局之中。这部具有独特的抒情风格的组曲，是以新颖而富有个性的音乐语言写成的。它无疑会引起苏联音乐界的注意，值得他们关注并且认真地由乐队演出。"冼星海的器乐作品非常重视标题性，这使他的每一部作品都具有鲜明的形象性，他对作品的形式和结构都有大胆的创新，构思缜密、配器细致。在作品的音调与音乐风格上，他非常重视吸收中国民间音乐和革命歌曲的音调，以期创造出一种富于民族特点又富于雄伟气魄的交响乐风格。冼星海的这些器乐作品都是在苏联写的，那是他生命中最后的时光，他的健康状况恶化，这些作品基本上只完成了草稿，还来不及听实际的试奏，更来不及进行必要的修改。但是这部分创作给后人研究如何借助西方的音乐表达中国人的思想感情留下了宝贵而丰富的音乐资源。

　　在新音乐理论的建设方面，冼星海始终自觉地朝着建设新音乐的"民族形式"的方向努力着。在"鲁艺"任教期间，他认真总结了自己对新音乐"民族形式"问题的思考，编订了详细的教学提纲，也留下了很多探讨该问题的理论文章。他将鲁迅"拿来主义"的态度具体地应用在中国新音乐的创作中来，不仅在教学中详细解说了如何利用中国民间音乐的优良传统，如何借鉴西方现代音乐的表现方式，而且在自己的创作中身体力行，大胆探索。为中国现代新音乐的发展做出了巨大的贡献。像冼星海这样在西方接受正规而传统的音乐教育，却能不遗余力地致力于中国音乐的普及化和大众化，坚持不懈地探讨中国音乐的"民族形式"，并且创作出兼具"民族化""大众化"且脍炙人口的作品的作家不仅在音乐界少有，即便在整个文艺界都不多见。

　　作为一个"人民的音乐家"，冼星海的音乐创作却引来

了一些分歧。造成这种分歧的原因在于评述人秉承着不同的音乐观。当人们将音乐看作是小众的高雅的娱乐和享受，看作是自由的、审美的、纯粹的艺术时，冼星海的创作被认为是政治性太强，为革命服务的"功利主义"色彩太浓厚。对于冼星海创作的一些群众歌曲，主张"为艺术而艺术"的人们会认为他选题太过随意，创作稍显草率，而且不乏粗糙。对于诸如《边区机器厂厂歌》《中共中央休养院院歌》这样的作品，就更加不以为然。在他们看来，一个受过正规的传统的西方音乐教育的音乐家应该致力于创作为优雅的音乐之神献礼的伟大作品，而不是赶时应景的民间小曲。所以他们在肯定冼星海创作成就的同时，也认为他不过就是一个产量多，其实精品少，作品简单而且不够"艺术"的音乐家。

当然，"人民的音乐家"这个称号对于那些崇尚个性、自由、审美和艺术的音乐人来说也许并不稀罕，但是对冼星海这样全身心地为人民而歌的音乐家来说，却是对他的音乐，对他的价值最高的褒奖和最大程度的肯定。他的学生马可在冼星海逝世十周年之际写了一篇纪念他的文章，名为《冼星海是我国杰出的社会主义现实主义音乐家》。他的这篇文章最好地诠释了冼星海作为"人民的音乐家"对中国新音乐的贡献，那便是：创作态度上的党性原则；正面表现工农群众以及音乐形象中的共产主义精神。在文章中，马可以雄辩的口吻驳斥了主张"为艺术而艺术"的人士对冼星海的批评，他说："许多人不了解冼星海为什么会有那样高的创作热情，他的创作为什么那样迅速而多产，他的创作欲望与革命实际的要求为什么那样一致，而没有另外一些同志在现实生活面前感到的那种'赶任务的烦恼'和对于丧失'创作自由'的担心；现在我们明白了，原来这就是冼星海作为一个革命艺术家的高度自觉。他首先想到的是如何运用音乐这种武器为革命服务，因此他的创作构思有着如此的尖锐性和斗争性。这正是他在创作态度上的党性原则。在这里我们也看到高度的党性原则也就是高度的创作自由，这两者是并不矛盾的，相反的，那些为着少数人集团服务的艺术，那些伪善的'为艺术而艺术'的艺术，才是没有创作自由的。"马可的这篇文章写于1955年，文章的内容、观点、表达方式都带有鲜明的时代特色。在"文化大革命"结束前的几十年里，中国社会的主流意识形态话语都没有太大的变化，因而马可的阐释更为接近毛泽东题词的内涵和冼星海创作的精神境界。

冼星海学成归国后除了投身救亡歌咏运动的创作和新音乐理论的建设，还将很多精力投入在教学上。辗转内地之时，他多次去学校厂矿教唱歌教指挥，培养了很多抗日宣传的歌咏干部。奔赴延安之后，他担任"鲁艺"音乐系的教师，后来任系主任，系统地教授乐理知识和作曲技巧。冼星海生前也尝试创作歌剧，但他的《军民进行曲》因为"太洋化"而没有获得广泛的认同。歌剧创作中存在的问题，比如如何让这种西方的艺术体裁更好地服务于中国社会的现实；如何令其与中国传统的民族音乐和群众的审美习惯相结合；

以及如何用音乐来描述戏剧性的情节冲突和不同人物的性格形象，等等还没有得到很好地解决。然而，冼星海没有完成的课题由他的学生继承下来，1945年，"鲁艺"创作的歌剧《白毛女》获得了空前的成功，为中国歌剧创作的发展开辟了一个新阶段，而《白毛女》的作曲者正是冼星海的学生马可等人。马可还创作了歌剧《小二黑结婚》，秧歌剧《夫妻识字》，歌曲《南泥湾》，管弦乐《陕北组歌》等反映20世纪40年代延安生活的代表性作品，并且长期进行着有关民族音乐和有关他的恩师冼星海的研究工作，取得了不小的成绩。学生的成功当然与冼星海的海人不倦、悉心传授密不可分。

有一部《黄河大合唱》流传千古，有一系列关于"新

广州星海园中的冼星海雕像

音乐"和"民族形式"的理论文章支持他的创作，有万千敬重他爱戴他的学生继续在音乐之路上耕耘，冼星海在音乐创作、音乐理论建设以及教书育人方面做出的贡献、取得的成就足以让"人民的音乐家"这一伟大称号无愧于人民，无愧于中国音乐！

大事年表

1905年

6月13日出生于广东澳门。（据冼星海母亲黄苏英写的冼氏家世，冼星海生于农历乙巳年五月十一日亥时。据此推算，其生日应为公元1905年6月13日。）

父亲冼喜泰，祖籍广东番禺，母亲黄苏英。冼家以捕鱼为生，生活贫寒，冼星海为遗腹子。

1912年　7岁

外祖父去世，母亲黄苏英为讨生活，带冼星海到新加坡谋生。同时就读于一间旧式学堂，学习"四书""五经"。

1915年　10岁

转入英国人办的英文学校学习英文。

1916年　11岁

进入华侨办的高等小学，以国文、图画、音乐几科成绩最好。

1920年　15岁

随母亲回到广州，进入岭南大学附中，后升入岭南大学，一共六年，始终半工半读维持生活和学业。

1924年　19岁

在岭南大学附中毕业，开始工作。曾做过打字员、工人、夜校教员等各种职业。

1926年　21岁

到北京，进入北大音乐传习所，学习音乐理论和小提琴，同时兼任北大图书馆助理员。

1928年　23岁

到上海，进入国立音乐学院学习，后加入田汉组织的南国社。

1929年　24岁

赴法国巴黎留学。得马思聪协助，拜奥别多菲尔为师，学习小提琴。后考入法国国立巴黎音乐学院和圣咏学院学习音乐。在巴黎音乐学院师从印象派名作曲家杜卡。

1935年　30岁

夏末学成回国。受任光之邀进入英控百代公司，但因与公司方面意见不合很快辞职。

1936年　31岁

进入新华影片公司做音乐指导。

1937年　32岁

"八一三"之后，参加洪深组织的上海救亡演剧第二队到江苏、河南、湖北等地宣传。年底留武汉。

1938年　33岁

4月在郭沫若领导的国民政府军委会政治部第三厅工作，与张曙共同主持武汉抗战音乐运动。夏，与钱韵玲订婚。10月偕夫人赴延安。

1939年　34岁

春，作《黄河大合唱》。5月任"鲁艺"音乐系主任。6月加入中国共产党。8月女儿冼妮娜在延安出生。12月转为正式党员。

1940年　35岁

5月启程赴苏联，11月取道新疆到达莫斯科，化名黄训。

1941年　36岁

10月转移至蒙古人民共和国乌兰巴托，化名孔宇。

1942年　37岁

春，在蒙古中国工人俱乐部任音乐组教员。12月至阿拉木图。

1944年　39岁

1月至库斯坦那伊筹建音乐馆。

1945年　40岁

10月30日因病逝世于莫斯科克里姆林宫医院。

主要参考书目

马可：《冼星海传》，人民文学出版社1980年版。

汪毓和：《中国近现代音乐史》，人民音乐出版社1984年版。

聂耳、冼星海学会编：《永生的海燕——聂耳、冼星海纪念文集》，人民音乐出版社1987年版。

徐星平：《黄河魂》，中国青年出版社1987年版。

吕骥：《吕骥文选》，人民音乐出版社1988年版。

冼星海：《冼星海全集》，广东高等教育出版社1989年版。

毛泽东：《毛泽东选集》，人民出版社1990年版。

汪毓和：《音乐史论新选》，中国文联出版公司1996年版。

钱理群等：《中国现代文学三十年》，北京大学出版社1998年版。

鲁迅：《新版鲁迅杂文集》，浙江人民出版社2002年版。

汪毓和等：《中国近现代音乐史（1901—1949）》，人民音乐出版社2006年版。

明言：《20世纪中国音乐批评导论》，人民音乐出版社2002年版。

陈建华等：《民国音乐史年谱》，上海音乐出版社2005年版。

余甲方：《中国近代音乐史》，上海人民出版社2006年版。

冯长春：《中国近代音乐思潮研究》，人民音乐出版社2007年版。

李莎：《我的中国缘分》，外语教学与研究出版社2009年版。

1978—2008年《新文学史料》《人民音乐》《音乐研究》等报刊。

后　记

写作冼星海的传记对我来说是一个意外。

这几年我的主要精力都在研究中国当代文学史和20世纪的女性写作，偶尔也会介入当代文学创作，写些批评文字。——在这些研究中，因为研究对象和语境的特别，时常会牵涉中国革命的诸多问题，包括进步知识分子的问题。换言之，20世纪以来中国的复杂性深刻地反映在文学史中。而以我的经历或许不能充分认识这段历史以及其中的知识分子。我想我的许多困惑也存在于其他青年朋友中。因此，当我在思考文学问题时，自然会追问文学背后的历史。

或许因为这个原因，我犹豫再三后决定接手写作冼星海的传记。我把这项工作看成是与我的研究相关的一部分，并试图由此从另外一个角度进入20世纪的中国。无疑，这本传记的写作对我来说也是一个难题，我毕竟不是研究革命史或音乐史的专家。虽然冼星海的名字和成就在我自己的成长中是整体的革命背景的一部分，但除了我们熟悉的那段宏伟的旋律外，"冼星海"实在是一个模糊的概念。于是收集资料，熟悉冼星海研究的成果，成为我写这本传记时的繁重工作之一。而后来成为传主的许多历史人物当初大概并没有意识到自己会成为某本传记的主人，因而许多相关的事件和细节在漫长的历史中并没有被更多地留存，于是甄别史料给我带来了许多困难，也为我的写作留下不少缺憾。

冼星海的研究资料不少，已经出版过好几个版本的传记，如何推陈出新对今天的写作确实是个难题。我也尝试过以新的观点和框架来叙述传主，但在实际的写作过程中，我发现这并非一个轻而易举可以解决的问题。坦率地说，写完这本传记，也就写下了我自己的遗憾。

2006年暑假，我第一次回到我的祖籍所在地——陕西米脂，途经延安。那是一个清晨，我站在延河边，仰望宝塔山，体会着革命圣地对一个热血青年的感召。我的祖父当年就是从米脂到延安参加红军的。多少年来，我一直想写下他的历史。其实，我并不能完全理解祖父那辈人，也无法再追溯他们的足迹，但我尊重他们对自己人生道路的选择。写作冼星海传记时，我意识到这是在和他们那一辈的革命青年对话。在这个意义上，我写作传记，其实是在向一个传统致敬！

这一被我称为遗憾的册子，也得到了许多前辈的关心。感谢主持《广东历史文化名人丛书》的专家对本书的写作提出了许多重要的建议，这本书的观念和框架都留下了他们思想的痕迹。感谢中山大学历史系曹天忠教授的细心审阅，他不仅为我提供了很多有价值的史料，而且还认真地校改了初稿中的不少错别字，令我这个中文系出身的学人颇为汗颜。同时还要感谢诸多前辈学者和冼星海研究专家，我在写作中也借鉴了他们不少成果，但由于《广东历史文化名人丛书》体例的原因未能加注以示对原著者的尊重，在此深表歉意！此外书中冼星海的照片多来自《冼星海全集》，其他历史人物的照片多出自其传记或文集，另有部分照片来自网络，在此一并致谢！当然，还要感谢本书的责编曾玉寒女士，没有她认真细心的工作，本书也不可能顺利与读者朋友们见面。

郭冰茹

2009年夏